W0395166

PRISONNIÈRE À TÉHÉRAN

DE LA MÊME AUTRICE

La Révolution sous le voile.
Femmes islamiques d'Iran
Karthala, 1991

Thermidor en Iran
(avec Jean-François Bayart et Olivier Roy)
Complexe, 1993

Être moderne en Iran
Karthala, 1998, 2006

Les Mille et Une Frontières de l'Iran.
Quand les voyages forment la nation
Karthala, 2012

Les Paradoxes de l'Iran
Le Cavalier bleu, 2013

DIRECTRICE D'OUVRAGE

Ramadan et politique
(avec François Georgeon)
CNRS éditions, 2000

Les Voyages du développement.
Émigration, commerce, exil
(avec Jean-François Bayart)
Karthala, 2007

Fariba Adelkhah

PRISONNIÈRE À TÉHÉRAN

ÉDITIONS DU SEUIL
*57, rue Gaston-Tessier, Paris XIXe*

ISBN 978-2-02-157391-6

© Éditions du Seuil, 2024

Le Code de la propriété intellectuelle interdit les copies ou reproductions destinées à une utilisation collective. Toute représentation ou reproduction intégrale ou partielle faite par quelque procédé que ce soit, sans le consentement de l'auteur ou de ses ayants droit ou ayants cause, est illicite et constitue une contrefaçon, aux termes des articles L.335-2 et suivants du Code de la propriété intellectuelle.

www.seuil.com

À Mahmoud et François Nicoullaud

Préface

Jean-François Bayart[1]

Fariba Adelkhah, anthropologue et prisonnière scientifique

En ce mois de juin 2019, Fariba Adelkhah travaillait sur son terrain iranien. Comme je le faisais régulièrement en ces circonstances, je vérifiais tous les jours sa présence sur WhatsApp, sans que nous échangions nécessairement, juste pour m'assurer que tout allait bien. Son dernier passage était en date du 5 juin, vers 15 heures. Deux ou trois jours plus tard, je m'inquiétais de ne plus l'avoir vu utiliser sa messagerie et de ne pas avoir de réponses d'elle. J'en fis part à Béatrice Hibou, qui me rassura. Son ami et collègue Roland Marchal, également chercheur au CERI (Centre de recherches internationales), devait la rejoindre pour quelques jours de vacances et ils avaient prévu d'aller dans le désert. De fait, je reçus un message le 12, curieusement rédigé, dans lequel elle

1. Jean-François Bayart est professeur à l'IHEID (Genève), titulaire de la chaire Yves Oltramare « Religion et politique dans le monde contemporain ».

me disait en effet être dans le désert et avoir de la peine à se connecter. Je fis semblant de me satisfaire de cette explication sans être complètement soulagé, car je ne reconnaissais pas le style de Fariba. Le dimanche 23, un appel d'un collègue s'inquiétait du silence persistant de Roland Marchal depuis deux semaines, alors qu'il était l'organisateur d'un colloque au CERI, quelques jours plus tard. Nous n'avions plus que deux jours à attendre dans l'angoisse, puisque Fariba devait rentrer le mardi 25 et qu'elle ne manquait jamais de m'envoyer un SMS d'Orly dès l'atterrissage de son avion, pour me signaler sa bonne arrivée. Le message ne vint pas. Nous prévînmes le Quai d'Orsay et l'ambassade de France à Téhéran. Celle-ci put nous confirmer l'arrestation de Fariba et Roland quelques jours plus tard. L'hypothèse de leur disparition dans le désert iranien, très dangereux, s'évanouissait, mais un long combat commençait pour obtenir leur libération. Engagement nécessaire, tant pour eux que pour nous-mêmes, mais que nous sachions vain. Ce n'était évidemment pas nous qui pouvions obtenir leur retour en France, mais l'action des autorités françaises auprès de la République islamique, notamment de sa composante des gardiens de la révolution qui était à l'origine de leur arrestation, comme nous le comprîmes rapidement.

Roland Marchal a été échangé le 20 mars 2020 contre un ressortissant iranien, membre des gardiens de la révolution, qui avait été arrêté en France sur mandat international d'Interpol émis par les États-Unis. Fariba Adelkhah a été graciée le 10 février 2023 et a finalement pu regagner la France le 16 octobre, *via* Istanbul. Le premier message qu'elle nous a envoyé, lorsque son avion roulait encore sur la piste de l'aéroport, fut une pensée pour Osman Kavala, prisonnier politique en Turquie, époux de l'une des membres de notre Réseau européen d'analyse des sociétés politiques. Le 17 au soir, Fariba Adelkhah arrivait à Paris, accueillie par un représentant du Quai d'Orsay, Mathias Vicherat, le directeur de Sciences Po, et Béatrice Hibou, l'une des chevilles ouvrières de son comité de soutien. Le 20, elle était reçue dans l'amphithéâtre Émile-Boutmy de Sciences Po, où elle entonna un chant *a cappella* en guise de discours. Dans l'échange avec le personnel et les étudiants, très émus, qui a suivi, elle ne se départit à aucun moment de la modestie, du calme, de la distanciation et de l'humour qui marqueront aussi ses premiers entretiens sur France Culture et France Inter, le 2 novembre, et qui frapperont certainement les lecteurs de ses récits de prison. On ne peut comprendre cette attitude que si l'on revient sur son itinéraire de chercheuse.

Fariba Adelkhah est née en 1959, à Téhéran, dans une famille de la petite classe moyenne originaire du Khorasan. Ce détail n'est pas anecdotique. Fariba Adelkhah a consacré certains de ses travaux à cette région, qui reste l'un de ses terrains favoris. Le Khorasan lui a aussi fourni un tremplin pour déployer des recherches sur l'Afghanistan voisin, dans les années 2010. En effet, la province vit en symbiose avec ce pays au point de constituer avec lui un « Grand Khorasan » sur lequel Fariba Adelkhah a très tôt attiré l'attention. Pour des raisons historiques : l'ouest de l'Afghanistan a fait partie des « pays protégés » des dynasties iraniennes jusqu'au milieu du XIXe siècle, et des Hazaras se sont réfugiés dans l'empire qadjar, à la fin du XIXe siècle, à la suite de la politique d'extermination conduite à leur encontre par Kaboul. Et aussi, bien sûr, pour des raisons économiques et sociales plus contemporaines, liées aux infrastructures routières et ferroviaires, au commerce, à la contrebande, au trafic de narcotiques, à l'immigration, aux flux de réfugiés qu'ont engendrés les différentes phases de la guerre en Afghanistan depuis 1980.

Par ailleurs, Ali Shariati, l'un des grands idéologues de la révolution iranienne de 1979 auquel la République islamique tournera le dos, était issu d'un lignage khorasani de clercs. Comme la plupart des étudiants de sa génération, Fariba Adelkhah l'a lu et reste marquée par son exigence de vérité et de justice, au sens que revêt le terme de *haqq* dans la philosophie mystique du chiisme iranien.

Étudiante, Fariba Adelkhah fit une autre lecture qui la marqua tout autant : *Le Deuxième Sexe*, de Simone de Beauvoir, qui avait été traduit en persan. On ne peut sans doute pas comprendre son choix d'entamer des études de sociologie en France, à l'université de Strasbourg, à l'automne 1977, si l'on ne garde pas à l'esprit ce fait. Néanmoins, Fariba Adelkhah n'a jamais coupé les ponts avec l'Iran où elle a continué de se rendre chaque année pour voir sa famille, mais aussi pour y mener ses premières enquêtes de terrain, sous les bombes irakiennes, dans la perspective de son doctorat en anthropologie, à l'École des hautes études en sciences sociales, sous la direction de Jean-Pierre Digard. Son objet était la mouvance des femmes révolutionnaires se réclamant de l'islam, dont elle a fait une analyse subtile et nuancée en concentrant son propos sur leurs pratiques du voile et sur leurs réunions religieuses (*jaleseh*). Elle en a tiré son premier livre, *La Révolution sous le voile. Femmes islamiques d'Iran* (Karthala, 1991) qui a pu donner lieu à malentendu, car il a immédiatement été lu à la lumière d'un double débat (ou combat) idéologique, celui des « laïcistes » français et celui du féminisme nord-atlantique, très occidentalo-centré. En réalité, Fariba Adelkhah n'a rien d'une « femme islamique », même si, par son éducation, elle connaît de l'intérieur la religiosité de son pays natal, au contraire de la plupart des chercheurs en sciences sociales d'origine iranienne, généralement issus de milieux aisés et très sécularisés. Elle a fait œuvre d'anthropologue, et non d'idéologue, soulignant à l'envi que sa recherche ne portait que sur une catégorie de femmes, dans un contexte historique précis, et n'avait aucune portée générale, notamment pas à l'aune des polémiques françaises sur le voile. De même, lorsqu'elle a été arrêtée, sa recherche en cours sur la circulation des clercs, en particulier afghans, dans l'espace transnational qui couvre l'Afghanistan, l'Iran et l'Irak, s'inscrit dans une réflexion plus générale et ancienne, qu'elle a entamée dès le milieu des années 1990, sur la place du voyage dans la société iranienne.

En réalité, outre Jean-Pierre Digard, son maître a été l'anthropologue Gérard Althabe (1932-2004) dont elle a toujours admiré l'œuvre, l'humanité et la modestie. Aussi son anthropologie ne s'en tient-elle ni à la question féminine ni à celle de l'islam, comme on a tendance à la présenter. Bien au contraire, Fariba Adelkhah s'est à plusieurs reprises insurgée, en particulier dans des articles de la revue *Politix*, contre le réductionnisme des interprétations récurrentes de la République islamique et contre le cantonnement d'une bonne partie des sciences sociales au seul objet tentaculaire de l'islam.

Sans délaisser ces questions des femmes et de l'islam, les deux livres les plus importants de Fariba Adelkhah, *Être moderne en Iran* (Karthala, 1998) et *Les Mille et Une Frontières de l'Iran. Quand les voyages forment la nation* (Karthala, 2012), réfléchissent à des problématiques beaucoup plus larges : d'une part, celle de l'être-en-société (*adam-e edjtemai*) qui cherche à mettre en harmonie son extériorité (*zâher*) et son for intérieur (*bâten*), sa vie privée et sa présence dans la sphère publique, c'est-à-dire, au fond, qui travaille à l'émergence de la citoyenneté, d'un espace public, fût-il éventuellement d'orientation religieuse, de formes inédites de modernité y compris féminine ; d'autre part, la problématique des relations que l'Iran a entretenues, dans la longue durée, avec le reste du monde (et non pas seulement avec le Moyen-Orient auquel il est supposé appartenir) et qui ont contribué à en définir la société culturelle et politique contemporaine. Fariba Adelkhah a ainsi signé quelques-unes de ses pages les plus éblouissantes sur les figures, souvent très ambiguës, de la bienfaisance, sur la contrebande, sur les cimetières, sur le Hadj, sur la diaspora iranienne en Californie, à Dubaï et au Japon, sur les colombophiles, sur les immigrés afghans, sans pour autant négliger les pratiques religieuses concrètes et la scène électorale, qu'elle a analysées avec précision en montrant que la République islamique, certes non démocratique et peu regardante en matière de droits de l'homme, n'était pas non plus la dictature que l'on dit.

Cela lui a valu bien des sarcasmes et des suspicions tant de la part des opposants à la République islamique que de celle de ses services de sécurité qui l'ont interrogée et lui ont confisqué son passeport à plusieurs reprises afin d'essayer de l'intimider. Certains se sont demandé si elle n'était pas la Han Suyin du régime, prompte à refouler toute critique par naïveté ou pour ménager ses intérêts, sa liberté, son accès à ses terrains. C'était bien mal la connaître, comme l'atteste sa prise de position en faveur de Kian Tadjbakhsh en 2007, l'article qu'elle a consacré, dans la revue *Esprit*, à Neda, la jeune manifestante téhéranaise tuée par les forces de l'ordre lors de la contestation des résultats officiels de l'élection présidentielle de 2009, ou encore la lettre ouverte qu'elle a adressée au président Ahmadinejad lors du procès de la doctorante française Clotilde Reiss, la même année.

Simplement, Fariba Adelkhah n'a jamais fait « de politique », ne s'est jamais posée en militante. En anthropologue qu'elle est, elle s'en est toujours tenue à la complexité des faits, des pratiques effectives, au risque de froisser les « idées reçues » – elle a signé un joli livre sur l'Iran dans la collection qui porte ce nom, au Cavalier bleu – et les préjugés ou les automatismes idéologiques.

L'un de ses leitmotivs a été de relativiser la césure qu'a constituée la révolution de 1979. Non qu'elle en méconnaisse l'événement, le pathos, l'émotion, qui demeurent un facteur de légitimation du régime dans la population, ne serait-ce que parce que la révolution a apporté à l'Iran, au prix fort, son indépendance par rapport aux États-Unis et que nul ne songe à la restauration de la monarchie. Mais parce que la République islamique a reconduit certaines des logiques de l'ancien régime et reproduit certains de ses intérêts, en particulier dans le domaine agraire. En bref, sa compréhension de la révolution de 1979 est toute tocquevillienne, de même que son analyse de l'islam n'est pas sans évoquer celle du protestantisme par Ernst Troeltsch, du méthodisme anglais par Edward P. Thompson, ou du catholicisme breton par Michel Lagrée, auteurs qu'elle cite au demeurant.

Fariba Adelkhah est une formidable enquêtrice de terrain, intrépide au point de se rendre au cœur du pays hazara en Afghanistan au nez et à la barbe des talibans, pratiquant l'observation participante des pèlerinages, suivant des cours de *fiqh* à Qom, restituant avec subtilité et ironie les faits relevés, mais toujours avec beaucoup d'empathie et de respect pour les gens qu'elle étudie. Elle nous a donné sans doute les meilleurs écrits sur l'Iran contemporain, mais bien au-delà ses livres représentent une contribution décisive à l'anthropologie, appréciée comme telle par des spécialistes d'horizons très différents, ainsi que l'a prouvé l'indignation suscitée par son arrestation dans la communauté scientifique internationale[1].

Les accusations d'espionnage portées contre elle, après son arrestation, en juin 2019, dans la partie de chantage diplomatique que certains décideurs iraniens ont jugé bon d'engager contre la France ont eu la crédibilité des réquisitoires des procès de Moscou. Tel est le triste sort des chercheurs intègres. Ils sont la part du feu, et un butin aisé pour les extrémistes de tous bords. Un fait résume à lui seul le prix que vaut aujourd'hui une chercheuse sur la scène internationale : privée de liberté pendant plus de quatre ans par les gardiens de la révolution, soupçonnée par une partie de l'opposition iranienne en exil d'être un suppôt de la République islamique et par certains « laïcards » français d'entretenir une complaisance coupable à l'égard de l'islam, Fariba Adelkhah s'est vu régulièrement refuser un visa par les États-Unis où elle devait se rendre à l'invitation d'universités pour y présenter ses travaux, et ce bien qu'elle fût citoyenne française. Ainsi va la science, par les temps qui courent.

Dans les récits de prison que Fariba Adelkhah a rédigés à son retour en France, le lecteur retrouvera

1. Voir les beaux articles de Peter Geschiere, « Liberté, censure, autocensure : les défis de la recherche. Un hommage à Fariba Adelkhah », *Sociétés politiques comparées*, 55, septembre-décembre 2021, https://fasopo.org/sites/default/files/charivaria2_n55.pdf et « The Secrets of Fariba Adelkhah's Anthropology. Intimacy and Mobility », *ibid.*, 57, mai-août 2022, https://fasopo.org/sites/default/files/charivaria3_n57.pdf.

cette indépendance de ton, ce souci de l'observation des pratiques effectives – en l'occurrence des détenues « politico-sécuritaires » et de leurs geôliers ou geôlières – dans des contextes sociaux et à des moments précis, ce refus de tout manichéisme qui sont depuis toujours les marques de fabrique de son écriture anthropologique.

Mieux vaudrait peut-être parler ici d'ethnologie, voire d'ethnographie, de la trop célèbre prison d'Evin, objet de beaucoup de fantasmes et de clichés depuis l'époque du Shah. Outre que l'ouvrage historicise le complexe pénitentiaire en soulignant les transformations qu'il ne cesse de connaître, il n'a rien des témoignages habituels sur la condition carcérale. Par ailleurs, Fariba Adelkhah, fidèle à son éthos de chercheuse, s'interdit tout alignement politique et ne montre aucune appétence pour les bénéfices de ce qu'elle qualifie ironiquement de « rente de la prisonnière ». En prison elle a continué à exercer son métier d'anthropologue, et c'est la restitution de l'observation participante d'un terrain qu'elle n'a pas choisi qu'elle partage avec ses lecteurs.

Ce faisant, elle a adopté un mode de narration à la fois simple et original qui pourra dérouter, mais qui confère à son propos une vraie profondeur de champ anthropologique. Elle n'a pas adopté une position de surplomb par rapport à son incarcération pour en raconter le déroulement de A à Z, au risque d'une reconstruction et d'une rationalisation *ex post*, et donc de sa simplification. De retour en France et au travail, elle a laissé remonter en elle, dans le désordre, les nappes de ses souvenirs.

Sa narration tourne le dos à toute exposition linéaire et exhaustive des péripéties qu'elle a traversées. Plutôt que de conduire le lecteur de son arrestation à sa libération, elle lui fait endurer la « compénétration des durées » sur laquelle insistait Bergson et qui est au cœur douloureux de l'expérience carcérale. Elle passe constamment d'un temps à l'autre, mélangeant le présent, l'imparfait ou le passé composé, et le futur, sans suivre aucune chronologie des faits racontés. Elle nous fait ainsi comprendre la monotonie, le caractère cyclique, la confusion et aussi les absences, les silences, les vides qui sont constitutifs de la détention. Institution totale s'il en est, la prison n'existe que par son usage concret dont Fariba Adelkhah n'a d'autre prétention que de nous en présenter quelques « choses vues » de l'intérieur, avec élégance et pudeur, sans acrimonie ni ressentiment.

Bien sûr, le lecteur ne pourra penser qu'au *Procès* de Kafka en cheminant dans ce livre puisque son autrice ne sait toujours pas, et comprend qu'elle ne saura jamais, pourquoi elle a été arrêtée, puis libérée, tout en sachant également que, de ce fait, cette histoire ne finira jamais. Sur un ton minimaliste et faussement léger, ce récit est une mise en abyme vertigineuse du vol de quatre années de liberté, de travail, d'amour qui ne donne lieu à aucune amertume mais à la poursuite tenace, en milieu carcéral, d'une œuvre anthropologique et d'un combat pour l'indépendance de la pensée.

Ce en quoi Fariba Adelkhah, sans jamais se vouloir militante, est profondément politique. Elle le montre dans ses rapports avec l'administration pénitentiaire, mais aussi avec ses codétenues, en gardant le cap de ses principes, en mesurant les rapports de force qui certes ne sont pas à son avantage mais dont elle joue de l'asymétrie, en étant lucide sur les « maladies infantiles » de l'activisme et l'économie politique de la condition carcérale, en refusant d'essayer de tirer parti de sa double citoyenneté sans jamais pour autant renier sa citoyenneté française face à ses interrogateurs. Loin de se réfugier dans sa tour d'ivoire, fût-elle carcérale, elle prétend voter aux élections présidentielles de 2021, droit qui ne lui sera pas reconnu faute de pouvoir présenter le livret de famille qui lui a été confisqué, et elle se porte candidate à la fonction de *vakil band* (déléguée) du quartier des femmes d'Evin. Elle n'a pas de sa longue grève de la faim, du 24 décembre 2019 au 12 février 2020, une conception héroïque, voire suicidaire, mais stratégique en la mettant au service non pas de sa seule défense personnelle mais de son combat pour la liberté scientifique en Iran *et au-delà*.

De ce point de vue, la lettre qu'elle adresse, en janvier 2020, à Ebrahim Raïssi, alors chef du pouvoir judiciaire, est exemplaire. Elle y réclame le respect de l'indépendance de la recherche scientifique *et religieuse*, d'aucuns diraient théologique mais il faudrait y inclure le droit islamique (*figh*) dont elle était devenue étudiante à Qom auprès d'un clerc aussi courageux que profond, l'ayatollah Mohammad Soroush Mahallati, dans le cadre de son projet sur l'itinérance régionale des clercs chiites.

Elle est alors en parfaite cohérence avec ses travaux sur la société iranienne, non sans s'exposer aux critiques de lecteurs pressés et un peu sectaires qui ne voient de salut que dans une laïcité étroitement hexagonale, idéologique et anhistorique, quitte à se méprendre sur le sens, la représentativité et la portée du mouvement « Femme, vie, liberté ». Fariba Adelkhah affichera néanmoins sa solidarité avec celui-ci, notamment en signant à Evin, avec d'autres codétenues, en janvier 2023, une pétition contre la peine de mort.

Fariba l'Intempestive, en prison comme à l'université, qui se refuse à enfermer l'histoire de l'Iran dans une alternative iconique, dans un jeu à somme nulle entre le port du voile et son rejet, entre le conservatisme et le réformisme, entre la religion et la sécularisation, entre le régime du Shah et celui de la République islamique, entre l'abnégation et les mesquineries, et qui nous démontre, récit après récit, article après article, livre après livre, l'ambivalence des rapports de pouvoir, à Evin comme dans le reste de la société.

Evin, *band* 2Alef, été 2019

Le Silence

C'est un destrier le silence
Dans le désert d'errance
À la recherche de son cavalier
À terre par les morsures du passé
Il galope
Et le hennissement de son secours au large du désert
Souffle un blizzard
Au cœur des sables
Et se lève soudain
Dans le ciel
Le tourbillon noir des souvenirs

C'est un désert le silence
Plein de lignes, de traces
Des passages, des inévitables
Fugitive
Je m'y perds

Le silence est le remède pour les maux
Que lui-même produit

Ce n'est pas la distance, le silence
C'est l'affrontement
Douloureux, parfois
C'est le point de rencontre
Avec la vie, ma foi

C'est une étincelle le silence
Il souffle la vie
Sur tout ce qu'elle éclaire

C'est un mur, le silence
Laissé à l'abandon
Il t'enferme
Et ses décombres
Portent en lui
La nostalgie de la reconstruction

Le silence est l'eau
Il se met en éruption
Il t'envahit et te noie
Il est clair, transparent quelques fois
Plein de boue et d'ébullition d'autres fois
Il chavire (ou il se répand)
Doucement et tendrement
Et lisse les grossièretés
Les ingratitudes

C'est du feu, le silence
Il brûle jusqu'au plus profond de l'être
Et sans qu'il y ait des flammes
Il remue tes cendres
Pour une autre danse

Je ne vais pas manquer à mes devoirs

« Le matin
T'est donné,
Ne le prends pas
Comme un dû. »

Eugène Guillevic, *Possibles futurs*

Tous les 16 du mois, et ce pendant presque quatre années, Jean-Marc Claus, d'*Eurojournalist*, a tenu avec persévérance à rédiger un article consacré à ma captivité et à l'Iran, avec le soutien de son rédacteur en chef, Kai Littmann. Il a ainsi montré un engagement exemplaire aux côtés de mes ami·es du comité de soutien qui s'est formé et mobilisé, tenant dur comme fer au principe de la liberté scientifique.

Les jours passent, ma foi, un peu trop vite pour moi, et je n'arrive toujours pas à revenir vers eux, et vers vous, qui étiez les interlocuteurs·trices fidèles et attentif·ves, pour leur dire et pour vous dire que, sans vous, le principe et la revendication de la liberté scientifique n'auraient pas connu l'histoire qui est désormais la leur.

Cela, je vous le dois. Ce qui fonde un principe, ce ne sont pas les mots ou les belles lettres, mais c'est l'acte. Ici, c'est de votre acte qu'il s'agit, l'acte d'accompagner *Eurojournalist* et le comité de soutien, fût-ce dans le silence, celui qui nous était d'ailleurs commun. Pour cela, merci.

J'avais promis à Jean-Marc de partager avec vous des histoires ou mes expériences des quatre ans et quelques mois passés en Iran, et/ou dans la prison d'Evin, privée de liberté. Je ne vais pas manquer à mes promesses, d'autant plus que c'est encore grâce à vous que je vais pouvoir les dire, et ce sera aussi grâce à vous que je vais les réorganiser, repenser, retravailler en vue d'en faire un recueil – sans doute me direz-vous un de plus ! – sur la prison, sur l'incarcération, sur le vivre-ensemble ou le huis clos de la cellule, sur les conflits et les fêtes, sur les va-et-vient constants, sur les échanges et les compétitions, mais aussi un recueil sur le silence, sur l'attente, sur les déceptions, sur les inventions et les illusions.

Je ne sais pas encore la forme que je vais pouvoir donner à ces moments d'échange et de solitude, mais je sais que, vous sachant avec moi, je vais tout simplement retrouver la confiance nécessaire pour les mettre sur le papier et pour les dire le plus simplement possible. Car, après tout, il ne s'agit que d'histoires simples, fussent-elles pleines de cruauté, de tristesse et de désenchantement, mais nourries d'espoir.

Le goût des pruneaux, ou celui des cerises de Kiarostami ?

Un jour, le judas qui sert quelquefois à inspecter les cellules, à poser une question aux détenues ou à répondre à leurs demandes, s'ouvre de façon brusque. Assise comme toujours, dans une pièce de 6 mètres carrés, je lève la tête pour voir ce qui ramène les gardes. J'ai juste eu le temps de voir deux yeux bien noirs courroucés, un peu enragés, que soudain un petit sachet de congélateur, du genre de ceux qu'on a l'habitude d'utiliser au quotidien pour protéger les aliments, au détriment sans doute de la protection de l'environnement, m'est jeté ! Et le judas se referme comme un coup de tonnerre ! Je prends possession du sachet dans lequel se trouvent six pruneaux. Je les ai bien comptés, il y en avait six, car en prison nous avons du temps à consacrer aux petites choses qui font l'essentiel, la vie.

À mon arrivée à Evin, en détention provisoire, au secret, période au cours de laquelle se déroulent les séances d'interrogatoire en vue de la préparation du jugement, et donc de la sentence, je ne me suis jamais pensée malade. Le taux d'adrénaline était trop haut pour que je me laisse aller. Mais je me suis trouvée, disons avec deux problèmes, dont l'un était plus grave et plus difficile à traiter que l'autre. Il s'agissait d'insomnies et de difficultés de digestion. J'ai commencé à supprimer le repas du soir, qui était d'ailleurs le plus varié, mais mes problèmes digestifs persistaient. J'ai fait état de ma situation au personnel pénitentiaire, toutes des femmes, certaines très gentilles avec lesquelles nous nous sommes laissées aller à des confidences et qui font partie du temps fort de mon expérience carcérale, et sans lesquelles je ne puis penser à Evin. Un jour j'ai été conduite à la clinique d'Evin pour une consultation médicale. Les médicaments ont plutôt aggravé les choses. Je souffrais de maux de ventre et il n'était pas toujours aisé de se rendre aux toilettes, sauf à déranger constamment les gardiennes, voire à les réveiller en pleine nuit faute de garde pour m'y accompagner.

Un jour, j'ai demandé en catimini à une gardienne, lors d'une séance de « prendre l'air » (*havakhori*), c'est-à-dire de promenade d'environ vingt ou trente minutes, de bien vouloir m'apporter des pruneaux. Vieille méthode de grand-mère, me direz-vous ! On m'a fait comprendre que la réglementation était assez stricte et que le personnel n'avait pas le droit de parler avec les détenues et encore moins de leur donner autre chose que les repas ou, plus rarement, les fruits, distribués par la prison. Mais, quelques jours plus tard, survint la divine surprise du petit sachet de congélation. Ma geôlière ne m'avait pas oubliée. Je n'ai jamais eu la possibilité de la remercier, car, en la cherchant, j'ai compris qu'elle avait été transférée dans un autre service. Je pense qu'elle a profité du moment de son changement d'affectation pour satisfaire mon vœu malgré le règlement, et en parfaite transgression de ses devoirs. Ce qui aurait pu lui coûter cher.

Je ne me souviens pas des effets miracles des pruneaux ni de leur goût, mais toujours de ces deux tristes yeux noirs, contrariés, qui se sont posés sur moi pour me dire haut et fort que je n'étais pas seule, ni d'ailleurs la seule prisonnière ! Que si mon arrestation m'avait privée de mes liens affectifs, de mes amis, de mon travail, elle ne pouvait pour rien au monde me priver de ma liberté d'être, d'agir et surtout d'exprimer mes principes et d'aimer ceux ou celles qui s'y plient et ne les oublient pas. Fût-ce ma geôlière…

On n'oublie rien, on s'habitue, c'est tout !

Janvier 2020. Depuis quelques semaines, je fais le siège dans le bureau du personnel pénitentiaire en signe de protestation. En d'autres termes, je reste dormir en bas, avec une garde, tandis que deux à trois autres membres du personnel sont logés dans leur dortoir, situé juste à côté. Les autres prisonnières, elles, demeurent au premier étage, deux portes verrouillées les séparant du rez-de-chaussée.

Dans cette pièce du bas, il n'y a qu'une seule fenêtre, de 1 mètre sur 1,5 mètre, très haute, inatteignable. Pour prendre l'air, je me dirige vers la petite cour située à l'entrée même de la section des femmes d'Evin. Elle est extrêmement petite, mesurant environ une quarantaine de mètres carrés. Cependant il y a un coin avec des plantes et je profite de l'occasion pour les arroser. En me dirigeant vers la cour, c'est le passage obligé, je passe devant une petite pièce où sont souvent accueillies les nouvelles détenues, avant l'accomplissement des démarches administratives, ou celles qui sont en transit et ne vont pas rester longtemps à Evin. Pendant la pandémie, cette pièce était surpeuplée, car elle abritait les prisonnières en quarantaine qui, dans les faits, devaient y résider deux semaines. C'était ma terreur, car cette cellule, dépourvue de fenêtre, comportait trois lits superposés pour six prisonnières, une douche et des W.-C. sans porte, avec juste un rideau de séparation. Il n'y avait ni cuisine ni évier, et il fallait compter sur la bonne volonté du personnel ou des autres détenues du premier étage pour obtenir de l'eau chaude, mon addiction.

En passant, je perçois une présence derrière le judas, ouvert, sans doute pour compenser l'absence de fenêtre. Nous sommes tenues de ne pas communiquer avec les détenues de cette cellule, règle souvent transgressée malgré les cris et l'irruption des gardes qu'on finit par ignorer. En me rapprochant, je remarque une femme bien brune, d'une quarantaine d'années, aux cheveux longs. Les premières questions sont simples. « Pourquoi es-tu ici ? » Une question à laquelle je répondais souvent ironiquement, quant à moi, par un : « J'ai vu de la lumière et je suis entrée ! » La seconde interrogation concerne la durée : « Depuis quand ? Pour combien de temps ? » Et ensuite : « Quel est ton nom ? » Elle me répond très vite en me demandant de lui trouver de la teinture pour ses cheveux parce que demain, c'est dimanche, et que le dimanche est un jour sacré quand on est à Evin. C'est le jour de la visite de la famille ! J'apprends qu'elle est autorisée, pour la première fois après 412 jours d'isolement et d'interrogatoires, à voir sa famille, dont son fils de 14 ans dont elle parle avec insistance. Je lui fais répéter : 412 jours sans visite, à l'isolement ! Elle approuve de la tête, les yeux brillants. Elle revient sur sa demande : la teinture pour colorer ses cheveux et ses sourcils. Le magasin de la prison – on le surnomme ironiquement l'hypermarché – est fermé. Je lui dis que je n'utilise pas de teinture, mais que je vais demander aux filles d'en haut de satisfaire sa demande. Elle me précise qu'elle remboursera le produit. Je monte exposer la requête aux détenues que je ne connais pas vraiment puisque, dès mon arrivée dans le quartier des femmes, j'avais entamé mon siège dans le poste de garde. J'expose la situation à deux prisonnières, elles aussi préoccupées par la visite hebdomadaire. On me promet de s'en occuper dès lors que cette femme rejoindra les rangs des détenues ordinaires et qu'elle les remboursera. Le temps passe. Je monte une deuxième fois réitérer la demande. On me fait comprendre qu'elles ont d'autres choses à faire et feront de leur mieux, mais sinon, elle pourrait bien aller à la visite de ce dimanche, cette fois-ci sans teinture !... Rien ne se fera, et la visite du lendemain, après 412 jours de séparation, sera bien sans couleur.

Elle s'en souvient encore deux ans et demi plus tard quand je la retrouve, après mon retour à Evin. Tout comme elle se souvenait de ses 412 jours sans visites, comme elle n'avait de cesse de le répéter à quiconque voulait l'entendre. Elle en parlait aussi chaque fois lors de la réunion avec les autorités de la prison qui venaient dialoguer régulièrement avec nous, prétendument pour nous rassurer sur le bon fonctionnement du système carcéral et l'application des règles légales en son sein. Et je la vois encore et toujours parler de ses 412 jours sans visites avant de déposer une demande de permission pour voir son fils, demande à laquelle elle avait bien droit légalement, autorisation toujours promise mais jamais accordée tant que j'ai été à Evin (j'ai entendu dire qu'elle avait enfin obtenu une permission de sortie début 2024, après quatre ans de détention). C'est aussi cela le monde des prisonnières : on ressasse, on n'oublie rien, on s'habitue, c'est tout. Mais la rumination est aussi un mode de distinction, fût-ce par défaut. Comme si être prisonnière devait se mériter, et comme si devait prévaloir une compétition pour être la prisonnière la plus méritante.

Quand on n'a que l'amour

Les jours passent, et les semaines, les mois, les saisons aussi. On ne sait pas ce qui peut arrêter ce rythme effrayant de l'expectative ! À la réflexion, la vraie torture était l'attente, telle une condamnation en prémisses, sans tribunal, sans juge ni sentence. C'est elle qui finit par nous faire « disjoncter ». On vit, du moins dans la première partie de notre expérience carcérale, au rythme des interrogatoires. Il commence et finit, il s'arrête, et il recommence sans que l'on sache les raisons ni le dénouement de cet enchaînement. Si les interrogateurs sont avides de questions, ils sont avares de réponses. Ils nous laissent dans l'énigme, ou menacent : « Vous en aurez pour quinze ans, au mieux, madame Adelkhah », me disaient-ils.

En général, l'incarcération se divise en deux parties : avant la sentence, ce que l'on peut qualifier de détention provisoire, et après la sentence, lorsque l'on rejoint le quartier des femmes (*band-e zanan*) qui ne rassemblait que des détenues dites politico-sécuritaires lorsque j'y ai moi-même séjourné. Pendant la détention provisoire, je passais en général mes journées à lire le Coran et le Livre des Prières, que les Iraniens consulteraient plus, dit-on, que le Coran. Livre des Prières non seulement contesté dans le monde sunnite, mais qu'il est interdit d'emporter dans sa valise lors du pèlerinage à La Mecque, en Arabie saoudite. À dire vrai, je n'avais pas droit à d'autres lectures pendant les quatre mois de ma détention provisoire... Et je dois vous avouer que je n'ai pas regretté d'avoir du temps à consacrer à de tels livres. Ils me rappelaient ceux de mon enfance, que je pouvais voir dans ma famille mais que je n'avais jamais consultés, tout au plus peut-être entendu lire dans des réunions religieuses au cours desquelles le choix des textes revient à leur responsable, en fonction du calendrier saint.

Assise dans ma cellule de 6 mètres carrés, j'entends s'ouvrir la porte, à une heure inhabituelle, vers 16 heures. Ce n'est le temps ni des repas ni de la prière – car j'ai commencé à prier en prison ! Le Coran entre les mains, je regarde : d'abord en bas, à la hauteur de mes yeux, dans la position assise, comme si, par avance, j'étais déjà désillusionnée quant à cette rupture de la monotonie ambiante et ne voulais pas me donner la peine de regarder plus haut. Mais tout a été très différent dès l'ouverture de la porte, et cela m'a intriguée. Le battant ne s'est pas ouvert bruyamment ni entièrement. Il s'est entrebâillé et, pour le dire vite, avec attention et douceur. Je regarde par terre et je vois des pieds dénudés, sans chaussettes, bien soignés, un pantalon gris clair, qui n'est pas l'habit des prisonnières et contraste avec le tchador du personnel pénitentiaire. Que se passe-t-il ? Je lève soudain la tête.

Je n'en crois pas mes yeux et reste sans mots, fixant cette présence qui s'était glissée dans l'ouverture de la porte et demeure debout, en totale confiance. Je ne bouge pas comme si je voulais me réveiller, ou déchiffrer l'événement qui m'avait frappée. Oui, frappée, vraiment, car je ne voyais désormais plus que les gardiennes et les interrogateurs. Présence qui parfumait l'air et m'emportait aussi très loin dans mes souvenirs. Le temps s'allonge quand on est en prison. Pas le temps réel, celui de l'attente, celui qui nous enveloppe à défaut de tout autre. Il n'est pas passager, on le vit en profondeur, comme enivrée.

Avec cette présence, l'attente devenait soudain différente. À vrai dire, ce que je voyais avec mes yeux, ma raison, me dépassait. Au point que je suis restée collée au sol, alors qu'à 2 mètres de moi se trouvait une très belle femme, la tête nue, les yeux verts, bien habillée, calme, détendue… Sepideh, se présente-t-elle. Elle me pose toute une série de questions. Je me souviens de la dernière : suis-je venue de Belgique, comme elle l'a lu dans le journal ? Elle a le journal ! Je réponds que je suis de France. Toujours assise, je lui pose une seule question : « Est-ce fini ? On va désormais pouvoir se voir ? »

De fait, c'est tout ce qui m'intéressait. Point besoin de lire *Huis clos* de Sartre. J'avais intégré la logique du lieu, je n'existais désormais que conditionnée par lui, par son quotidien, celui que je vivais. Je n'étais pas démunie de rêves, non, mais j'étais encore capable de faire la différence entre le possible et/ou le faisable et l'idéal. Je vivais dans le présent, attendant le dénouement de mon histoire. Je ne voulais pas le fuir, mais le comprendre. Et le sommet de mes désirs était de pouvoir voir des gens, d'échanger avec les autres prisonnières que j'entendais passer, rire ou contester, quelques fois parler, ou crier, ou encore s'adresser à moi à travers la porte, notamment les « Trois Bouquets ». Il s'agissait des trois amies de la prison dont je chéris le souvenir chaque fois que j'y pense. Elles vivaient ensemble, à une vingtaine de pas de ma cellule, mais dans un autre couloir. Vivre ensemble en prison, serait-ce possible ? Oui, parce qu'elles ne cessaient de parler entre elles et s'organisaient ensemble, faisaient à manger ensemble, sans four ni réchaud, et montaient de concert des missions impossibles, on va le voir. J'entendais même, quelquefois, leurs cris, quand elles jouaient dans la cour. Quand elles traversaient le couloir pour aller prendre l'air, elles me tenaient compagnie, le temps de parcourir une traverse longue de 5 mètres environ, en me parlant, souvent en anglais ou en français, pour éviter que les gardes ne comprennent nos échanges. C'était comme si elles parlaient entre elles. La présence de Kylie Moore-Gilbert, une universitaire australienne, spécialiste du chiisme au Bahreïn, invitée par l'université de Qom Adyan va Mazaheb et arrêtée à l'aéroport, au moment de son départ, selon l'habitude des services de sécurité de la République islamique, aux côtés des deux accusées iraniennes, membres d'une ONG environnementaliste, facilitaient ces entorses au règlement.

Nos échanges perdurent jusqu'à ce jour. Ciel ! Combien j'attendais ce moment de la promenade, chaque matin et chaque après-midi, à une heure qui n'était jamais fixe. Je me rapprochais de la porte, je m'y accrochais ! Mais je ne disais rien, car nous n'étions pas autorisées à échanger. Les mises en garde du personnel qui nous accompagnait alors les yeux bandés suffisaient à étouffer la joie des Trois Bouquets, et je me souviens d'avoir eu des avertissements, par l'interphone, de la part de la cheffe des gardiennes, me demandant de m'éloigner de la porte et de m'asseoir : « Vous n'êtes pas censée rester debout contre la porte, je vous prie de vous asseoir », me disait-elle d'une voix bien sévère.

Cet après-midi, quand enfin je me lève pour embrasser celle qui est venue comme d'une autre planète, une voix se fait entendre au loin. Sepideh me quitte comme un éclair, sans un mot, laissant la porte entrouverte derrière elle : le crime n'est jamais parfait. Le risque d'avoir transgressé les règles de la détention est toujours grand, et les conséquences peuvent être lourdes : on peut être privée de téléphone, de visites, de lecture, ou encore être replacée en isolement et subir une peine supplémentaire pour avoir « perturbé l'ordre de la prison ».

La plus gentille des gardiennes – pas celle qui m'avait apporté les pruneaux, celle qui aimait les chants de louanges religieux (*maddahi*), avec qui j'avais noué une relation intime et échangeais des confidences – est arrivée, très ennuyée, me demandant qui avait ouvert la porte. Je n'ai rien nié, car nous vivions sous l'œil des caméras et l'affaire allait être de toute façon dévoilée. Et aussi parce que je n'avais pas réellement pris conscience de ce fait, qu'une codétenue pouvait venir jusqu'à moi sans y être autorisée ni vue à temps. N'ayant commis aucun crime, naïve comme je l'étais, mue par l'espoir que le monde de la détention pouvait changer, je répétai bêtement que nous n'avions rien fait de mal et demandai à la gardienne de ne pas signaler cet incident. Elle me répondit qu'elle y était obligée, ne serait-ce que parce que notre vie au quotidien était surveillée par les caméras. Elle partit soudainement pour revenir quelques minutes plus tard en compagnie de la redoutée Haj Khanoum, une femme immense, enveloppée de son tchador qu'elle tenait comme si on allait le lui arracher, et sans doute aussi pour afficher son soutien sans faille et son amour, vrai, inconditionnel, pour Agha – le diminutif de l'ayatollah Khamenei, le Guide de la révolution. Haj Khanoum me posa des questions anodines auxquelles je répondis par des dénégations : « Nous n'avons rien fait, nous n'avons pas échangé. »

J'ai appris beaucoup plus tard, une fois arrivée dans le quartier des femmes, et retrouvant enfin mon premier et mon seul amour de prison, Sepideh, que l'opération avait été méditée par les Trois Bouquets. Quand la garde était venue chercher les filles pour la promenade de l'après-midi, l'une d'entre elles avait fait semblant de dormir et était restée au lit. Les deux autres suivirent la garde en la distrayant à grand renfort de plaisanteries et de friandises, tant et si bien qu'elle en oublia la dormeuse et laissa la porte de leur cellule ouverte derrière elle. Haj Khanoum, la cheffe des gardiennes, était dans son bureau, sans doute devant la caméra inspectant les autres détenues. Sepideh sortit de son lit une fois les autres parties et, douée qu'elle est en tout, passa devant le bureau sans se faire voir, jusqu'à ma cellule, éloignée d'un petit pas. À l'époque, la clef des cellules restait sur la porte. Inutile de dire que l'escapade de Sepideh changea la règle, eut des conséquences sur le régime carcéral et ne fit pas les affaires de Haj Khanoum.

RIP (*Rest in peace*). Ce fut le mot que je trouvai écrit sur le mur de la cour, deux jours plus tard, lors de ma courte promenade. Nous fûmes interrogées, les gardiennes aussi, et Haj Khanoum fut mutée, à la joie de tout le monde. Elle était un peu trop sévère et empêchait toute forme d'échanges entre nous ou d'expression de notre part. Elle nous interdisait de rire ou de parler dans les couloirs, de chanter dans la cour ou dans notre cellule. Pendant son service elle ne m'autorisait pas à me doucher tous les matins. Une restriction que je cherchais toujours à contourner. La salle d'eau était contiguë aux toilettes. Comme j'avais des problèmes de digestion, je m'attardais souvent dans celles-ci et elle s'éloignait. Dès qu'elle entendait la tuyauterie, elle me demandait de sortir pour me raccompagner à ma cellule. Je m'arrangeais donc pour quitter silencieusement les toilettes et me précipiter sous la douche. Une fois que j'étais mouillée des pieds à la tête, la religieuse qu'elle était ne pouvait plus rien faire ! Il n'est rien de pire que de souiller l'eau de la toilette d'une mécréante, la moquette et les tapis.

Quant à moi, après cette visite éclair de Sepideh, et une fois la crise de la journée passée, je me suis mise à rédiger des requêtes. Je pense avoir passé toute une nuit à formuler des propositions à mes interrogateurs : partager la cellule des Trois Bouquets, être des leurs pour les promenades quotidiennes… Je voulais retrouver tout simplement ce délicieux goût de la présence de quelqu'un à nouveau à mes côtés. Pour ne rien vous cacher, il y avait quelque chose de beaucoup plus fort. Je pense que je suis tombée amoureuse ! Oui, vraiment, en vrai, pour de vrai ! J'ai mis du temps à en prendre conscience, et j'ai écrit un poème que j'ai fini par lui faire parvenir. Ne me demandez rien sur nos modes d'échange de courrier, car on n'aimerait pas qu'ils soient dévoilés. Cela peut servir à d'autres (y a-t-il un pays sans prison ?). Mais ne vous moquez pas de moi ! Je regardais cette porte lourde en fer qui un jour s'était ouverte, et je pensais à cette femme toute en lumière qui m'avait approchée, dans mon accablement. Je rêvais d'elle, je désirais très fortement la revoir devant la porte. La frustration de ne pas l'avoir serrée dans mes bras était la douleur nécessaire pour penser à ce sentiment étrange qui vous envahit et vous habite un jour, sans que vous sachiez pourquoi, ce sentiment faute de quoi on n'aura jamais parlé de l'amour : celui du manque. N'est-ce pas parce que c'est la seule chose que l'on a à soi, pour donner à l'autre qui, sans être appelé, vient à votre rencontre ? Quand on n'a que l'amour…

On ne naît pas hirondelle, on le devient

En persan, « hirondelle » est le nom d'un oiseau, comme en français. Mais le terme, au-delà de son sens propre, a un sens figuré. Le plus important, pour notre propos, a trait à son utilisation pour désigner des femmes recrutées par les services de renseignement dont la mission est de piéger une personne en vue de son arrestation, ou pour la déstabiliser politiquement. Le procédé est courant dans la compétition factionnelle au sein du régime, comme il l'était sous la monarchie – la Savak en usait pour calmer les ardeurs politiques d'une partie du clergé. Il permet de réunir les éléments nécessaires à l'arrestation de suspects ou propices aux règlements de comptes au détriment de rivaux politiques. On en parle beaucoup en Iran. Le cas le plus connu a impliqué un ancien ministre de la Culture du président Mohammad Khatami, Ata'ollah Mohajerani, surpris dans une relation extraconjugale et contraint de se retirer de la vie politique. Un autre cas a défrayé la chronique : celui de Mitra Ostad, cinéaste et actrice, qui aurait payé de sa vie ses manœuvres autour d'un ancien ministre, lequel, dit-on, l'aurait abattue pour s'en libérer, alors qu'elle était devenue sa seconde épouse. Plus récemment, en 2019, Rouhollah Zam, réfugié politique en France, a été attiré en Irak par une femme qu'il avait rencontrée en Turquie dans le milieu de l'immigration iranienne, y a été kidnappé par les services secrets de la République islamique, a été exfiltré en Iran, y a été « jugé » et a finalement été exécuté le 12 décembre 2020. Un brin sarcastique, Faezeh Hachemi disait que les « hirondelles » ont bon dos et détournent l'attention des escapades sexuelles de bien des hommes dans la République.

Bref, qui dit aujourd'hui hirondelle fait allusion à ce sens figuré et suggère immédiatement renseignement, services de sécurité, manipulation politique, ingérence dans la vie privée, piège sexuel.

Jolie King, jolie comme une reine, une touriste ou, comme elle se plaisait à le répéter, *a poor tourist* de nationalité australienne, arrêtée avec son mari Mark Firkin, a finalement quitté ma cellule du quartier des gardiens de la révolution au bout de trois semaines pour rejoindre la section des femmes, un autre bâtiment du complexe pénitentiaire d'Evin. J'ai entendu dire qu'elle n'est restée là-bas qu'un mois, et qu'elle a été libérée grâce à l'intervention du gouvernement australien. Celui-ci a été moins efficace ou moins motivé pour Kylie Moore-Gilbert qui a passé environ deux ans et trois mois sans grand secours des autorités de son pays. En prison, partager des lieux exigus, des plats répétitifs, un quotidien morose permet de nouer des liens affectifs avec ses codétenues. Après avoir vécu près de trois semaines avec une étrangère que je devais consoler et dorloter au quotidien, qui pouvait marcher jusqu'à 6 kilomètres par jour dans une cellule longue de 3 mètres, avec laquelle je pratiquais le yoga et je devais partager les repas, et dont je me moquais gentiment – *we are poor tourists !* – en imitant son expression, ce qui la faisait sourire, j'avais fini par m'y habituer. Je l'entends encore quand elle prenait l'interphone, face à la caméra de surveillance, en la regardant, et demandait avec son petit accent en persan : « S'il vous plaît, un peu de pain (*lotfan yak lavash*). »

Elle était partie depuis une semaine quand, fidèle à mes habitudes, assise cette fois-ci dans ma nouvelle cellule trois étoiles, munie d'une douche et de W.-C., en train de lire mon « Coran généreux » (*Al Qoran-al Karim*), j'entendis la porte s'ouvrir. Une grande et très belle femme entra, ayant sous les bras de quoi trahir ses intentions de squatteuse : son trousseau de prisonnière, composé d'une grosse couverture de soldat, noire ou grise, de sa tenue carcérale rose – pantalon, manteau, tchador de couleur –, et d'un sac en plastique contenant une paire de pantoufles, un top *made in China*, une culotte, une petite serviette, une brosse à dents, un tube de dentifrice. Je compris qu'une autre accusée s'apprêtait à me divertir pendant un moment. En effet, la réglementation interdit en théorie de garder une prévenue en détention provisoire plus d'un mois. On se dit bonjour, puis je m'enfonçai dans ma lecture, comme pour montrer à la gardienne accompagnatrice, debout devant la porte, que nous n'allions pas transgresser les règles carcérales en échangeant entre nous des secrets. Oh que non !

À peine arrivée, et une fois fait son lit, contre le mur d'en face, pas d'autre choix, elle se retrouve alors à 1 mètre de moi. Elle s'approche de moi et s'assied pour me parler prétendument en catimini. Je lui fais comprendre qu'elle transgresse les règles et que la gardienne ne va pas tarder à venir l'en avertir. Elle me répond alors, de la façon la plus naturelle, mais en élevant la voix : « Quoi, je n'aurais pas le droit de te dire tout simplement bonjour ?! Qu'elle essaie de m'en empêcher ! » Elle s'installe pour de bon et me narre avec force détails l'histoire de son arrestation : « Ils sont venus à cinq, dont une femme, deux devant la porte, trois à l'intérieur, pour me chercher chez ma sœur. Je dormais, et il était vers 6 heures du matin. Mes neveux se préparaient pour partir à l'école et au travail. Les pauvres, ils leur ont confisqué leur téléphone, à eux aussi ! » Je lui demande s'ils avaient un mandat d'arrestation et de confiscation des téléphones : « Oui, je crois, pour moi, mais pour les autres je n'ai pas vu. Je n'ai même pas demandé. Tu sais, cela se fait tellement vite. On n'y pense pas tant leur présence est lourde. – Tes neveux ont récupéré leur téléphone ? – Oui, mais au bout de vingt-quatre heures. Et les photos de ma nièce ont posé problème ! Elle est convoquée. Elle est nue sur certaines photos ! »

On l'accuse d'avoir tenu en public des propos critiques à l'encontre de la République et de mobiliser les gens pour s'insurger. Elle serait aussi coupable d'avoir participé à la fabrication de cocktails Molotov devant le Parlement. « Tu l'as fait pour de vrai ? – Oui, mais je n'étais pas seule, et puis nous ne sommes pas passés à l'acte. Ce jour-là personne n'est venu devant le Parlement. On a été dénoncés et les policiers étaient partout. Donc les gens s'étaient dispersés avant notre arrivée. Nous étions trois, et dès que nous sommes sortis du métro nous avons compris le désastre, on a fait semblant d'être de simples passants, mais j'avais le sachet de munitions avec moi, des bouteilles, des tissus, mais pas encore l'essence. J'avais peur d'être interceptée par la police, et donc j'ai tout caché dans les buissons. Mais j'ai été filmée. » Je lui ai demandé comment elle était entrée dans une telle opération. « Par les réseaux sociaux », m'a-t-elle répondu en toute simplicité : « J'ai même trouvé un demandeur de ma main, un fiancé, réformateur, par les réseaux et lors de ces mobilisations, avec lequel j'ai beaucoup voyagé avant mon arrestation. »

C'est ainsi que nous entamons une cohabitation sympathique. On mange toujours ensemble, et je remarque qu'elle a de l'appétit et rend hommage aux plats. Quand je me lève pour faire mes prières, elle me suit. Je prends le Coran, elle aussi, et nous communions en silence. Au bout de quelques jours, la cellule est méconnaissable tant elle s'emploie à la nettoyer. L'évier, les sanitaires sont dignes de Monsieur Propre ! Elle demande régulièrement l'aspirateur pour traquer la poussière et s'adonner à la propreté de la cellule.

Le soir, c'est l'heure des grandes confidences. Elle avait 42 ans et était orpheline de père depuis son enfance. Sa mère travaillait comme femme de ménage à l'école et chez des particuliers. Quand celle-ci était malade et ne pouvait pas se présenter à son travail, c'était elle, ma codétenue, qui la remplaçait. Très jeune encore, elle s'était débrouillée pour qu'une fondation (*waqf*) leur accorde une maison *in the middle of nowhere*, mais qui petit à petit s'était retrouvée bien placée, dans une banlieue pauvre du sud de Téhéran. Elle aimait le volley-ball à l'école, et rien d'autre. Ses escapades finirent par être dévoilées. Son frère la mit à la porte à l'âge de 20 ans et la jeta dans les bras d'un ami prêt à l'épouser, comme le veut la coutume, sans cérémonie, sans robe blanche, sans dot. Elle était docile, s'accommodait de la vie qu'on lui imposait. Mais, dans sa nouvelle maison, sa belle-mère ne lui faisait pas confiance, allant jusqu'à cacher les clefs de la porte d'entrée. Agile qu'elle était, elle sautait par-dessus le mur de la cour pour gagner la ruelle. L'essentiel était de partir quand la vieille dormait encore, et de revenir avant qu'elle ne se réveille ! Elle s'était lancée dans des activités bénévoles pour ne pas rester entre les quatre murs étouffants de sa maison. Elle poussait sans doute le bouchon trop loin pour un mari turcophone, traditionaliste, qui partait à l'aube dans son atelier de maroquinerie et revenait tard le soir. Il finit par la renvoyer à 40 ans. « Je ne voulais pas divorcer. Je n'avais pas où aller ! J'ai pris des pilules pour me suicider, mais cela n'a pas marché, je suis restée à l'hôpital pendant huit jours. Quand je suis sortie, j'ai espéré que mon mari comprendrait mon désarroi, mes regrets, et qu'il me garderait avec lui, je l'ai supplié ! Le lendemain nous étions chez le juge, qui n'a pas voulu m'entendre, et le divorce fut conclu, je me suis trouvée à la rue… Je marchais sans savoir où aller. La maison familiale, un *waqf* (bien de mainmorte) mis à notre disposition, était maintenant occupée par mon frère qui l'avait accaparée sans même nous en informer, ses frères et sœurs, et qui m'interdisait d'y pénétrer. Ma mère ne pouvait rien faire, elle n'avait aucun pouvoir. J'ai tourné dans les rues, finalement je suis allée me réfugier dans un poste de police. Ils n'ont rien fait. Je leur ai dit que, s'ils ne m'aidaient pas, je rejoindrais les filles des rues. Ils rigolaient : le soir tombait, je devais me dépêcher ! »

Elle finit par appeler quelqu'un avec qui elle avait échangé sur les réseaux sociaux. « Tu sais, on a l'impression d'être quelqu'un, me dit-elle. Les hommes s'adressent à vous avec tact et politesse, au point qu'on a le sentiment qu'ils vous connaissent et n'attendent que de vous voir. La vérité était autre ! Quand ils comprenaient que j'étais à la rue et que je venais de divorcer, ils raccrochaient ! J'ai finalement trouvé un ami qui avait une société, et je lui ai demandé de m'héberger pour quelque temps dans ses bureaux. Je ne demandais rien d'autre, j'allais très vite m'arranger. Dans les faits, je suis rapidement devenue son agent de main, la coursière de sa société. Je lavais, je faisais la cuisine que lui et ses collègues aimaient. J'avais en charge les relations de la société avec la banque. Je me déplaçais souvent avec des chèques aux montants importants sur moi. Je n'ai jamais rien volé ! Tout se passait bien mais le père de ce monsieur ne m'a pas supportée et a tout fait pour qu'il me vire. Je suis devenue alors baby-sitter dans des familles dont les parents étaient divorcés ou travaillaient tous deux. Mais les femmes étaient jalouses et ne me supportaient pas longtemps. Je venais de trouver un très bon travail : logée, nourrie plus salaire, pour m'occuper d'un garçon de 12 ans. J'étais tellement contente ! Le monsieur habitait seul, et je pouvais espérer un bon salaire pour la première fois. C'était juste avant mon arrestation. En plus, j'avais échangé, avant l'entretien, des photos avec le monsieur qui me recrutait. Les sécuritaires n'ont pas aimé. J'avais dû montrer mes jambes épilées parce que le monsieur n'aimait pas voir une femme non épilée dans son entourage. Je lui ai juste envoyé une photo de ma jambe sans rien d'autre, pour avoir droit à l'entretien. Et voilà qu'elle est tombée dans les mains des gardiens de la révolution ! »

Et de poursuivre : « J'aurais pu nouer un mariage temporaire (*sigheh*) avec un homme très proche de la famille, un juge de grande notoriété, les interrogateurs le reconnaissaient. Mais je n'ai pas voulu et lui n'a pas voulu m'aider autrement, par exemple en me facilitant la location d'un kiosque pour faire des sandwichs ou des falafels. Il en avait pourtant les moyens. »

Elle a rédigé une lettre pour ses interrogateurs, que j'ai corrigée, et dans laquelle elle exposait sa situation. Elle leur demandait d'être envoyée dans une prison où elle pourrait travailler et gagner de l'argent pour pouvoir l'envoyer à sa mère – ou de pouvoir travailler à Evin même, elle était prête à accomplir n'importe quelle tâche. Un soir, elle me dit : « Tu sais, ce que je mange ici, je ne peux pas l'avoir chez moi. » J'ai eu envie d'ajouter : « Et d'ailleurs moi non plus. » En effet, le 2Alef fait figure d'institution privée au cœur du domaine étatique. C'est un restaurant, et non l'administration pénitentiaire, qui livre les repas des interrogateurs, du personnel et des prisonnières.

Elle est gentille, se montre respectueuse à mon égard parce que j'ai presque l'âge de sa mère. Elle passe son temps à lire et relire le Coran, trois fois, de bout en bout, en dix jours. Quand elle achève sa lecture, elle lève la tête et me dit que la première lecture est un vœu pour moi, pour que je retrouve ma liberté, la deuxième est destinée à son interrogateur qui est gentil – elle le lui a annoncé le matin même – et la troisième doit l'aider à trouver un travail. Sacré *javanmard* !, comme on le dit dans la littérature des compagnons chevaleresques : une personne qui se met au service des autres et vit pour les autres en dépassant les contours de son moi.

Nous ne regardons presque jamais la télé, ça ne l'intéresse pas. Un jour j'allume néanmoins celle-ci et lui demande de choisir une chaîne satellitaire iranienne, de ton plus libre que les chaînes publiques. Les chaînes satellitaires sont un peu aux chaînes officielles ce que les zones franches *offshore* du Golfe sont à l'économie *onshore*. Elles ont transformé la culture familiale en brisant des tabous *via* les séries télévisées, commercialisées en toute légalité et largement suivies dans les familles, y compris, dit-on, celles de la diaspora. Nous en avions pas mal à notre disposition dans le quartier des femmes, et nous avons cherché à en acheter de nouvelles parce qu'il y avait une vraie demande, notamment de la part des jeunes. Mais le choix de ma coturne s'arrête sur une compétition d'athlétisme. Elle sait en parler parfaitement. J'ai ainsi pris goût à regarder ce que j'ignorais complètement, plus encore ce que je fuyais presque par dégoût. Elle était excellente formatrice. Elle m'a aussi raconté qu'elle était capable de dépecer un mouton. « Un travail d'homme !, lui dis-je. – Oui, mais moi j'aime cela. » Et de continuer : « Pour pouvoir manger à ta faim, chez nous, quand j'étais petite, il fallait être au milieu du champ de bataille. C'est pour cela que je sais crier si fort. Ainsi, personne ne levait la main sur moi. »

Elle est partie au bout de deux semaines, pour rejoindre le quartier des femmes. Quand j'ai été autorisée moi aussi à quitter l'isolement du quartier des gardiens de la révolution et à rejoindre à mon tour celui des femmes, la première personne qui est venue me voir à la fin des démarches administratives, après Sepideh, ce fut elle. Ce fut aussi elle qui prépara un endroit pour que je puisse camper dans le bureau des gardiennes en guise de protestation contre mon arrestation. Elle est allée chercher des tatamis dans la salle de gym, en me disant que le sol était humide : « Sans tatami tu vas avoir mal au dos ! »

Dans la section des femmes, elle avait quelques amies, mais elle était souvent seule. On ne lui faisait pas confiance. Et ses cris, fondés ou non, dérangeaient beaucoup. On disait d'elle qu'elle était une agente, qu'elle faisait des rapports aux gardiennes sur les autres détenues, bref qu'elle était une « hirondelle ». Elle fréquentait un peu trop le bureau du personnel, murmurait-on. Je ne lui ai jamais rien dit des soupçons qui pesaient sur elle.

Elle avait des visites, et son fils, avec lequel elle avait une relation distendue, est venu à plusieurs reprises, une rencontre toujours convoitée et qu'elle préparait bien à l'avance. Son seul souci était de trouver un travail à la sortie d'Evin, où personne ne l'attendait. Elle a été condamnée à la même sentence que moi, mais sa peine a vite été commuée. Elle a quitté la prison au bout de trente-sept mois, pendant que j'étais assignée à résidence, et j'ai perdu sa trace. Mais aujourd'hui, chaque fois que je regarde une compétition d'athlètes – puisque j'aime désormais les regarder –, je pense à elle. Est-elle devenue une « hirondelle » des gardiens de la révolution pour subvenir à ses besoins ? Si oui, c'est qu'elle n'avait pas d'autre choix.

Le jour où j'ai voulu entrer dans l'opposition en demandant le départ du Guide, et un changement de régime !

Quand, au bout de trois mois et quelques de détention provisoire dans l'aile des gardiens de la révolution, j'ai enfin pu me trouver dans une autre cellule plus grande, de 10 à 12 mètres carrés de surface, munie de toilettes et d'une douche, j'ai eu également droit à partager mon *home*, par intermittence, avec une autre détenue, voire deux, selon des critères qui nous échappaient.

Me voyant un peu trop souvent seule, et sans doute un peu isolée, les Trois Bouquets ont beaucoup insisté pour que je demande à changer de cellule. Une chose un peu difficile, car il s'agissait, d'une part, de mon intimité, difficile à partager. Bien sûr, il y avait un muret qui séparait la « chambre » de la douche et des W.-C., mais cela restait un muret. D'autre part, il ne me serait plus possible de sortir, notamment à l'aube, à l'heure de la prière, pour aller aux toilettes collectives dont l'espace était bien aéré et lumineux. Sans oublier que la douche des toilettes collectives était mitoyenne de la cellule des Trois Bouquets, et rien que de les entendre parler ensemble et rire me faisait du bien.

Dans ma nouvelle cellule, j'ai pu rencontrer des

militantes politiques, moi qui ne l'étais pas – je me suis toujours cantonnée à mes activités scientifiques –, notamment les membres du groupe dénommé Quatorze, qui avaient signé une déclaration exigeant un changement de régime et le départ du Guide de la révolution, Ali Khamenei. L'une des militantes de ce groupe, Nargues Mansouri, une syndicaliste de la société des autobus, a passé une semaine avec moi. Elle connaissait très bien l'histoire des Quatorze et surtout celle de son propre syndicat. Elle en parlait avec force détails, très intéressants, sur les rares espaces syndicaux laissés à la mobilisation sociale en Iran. Femme divorcée, mère d'une petite fille de 8 ans, elle m'a fait part de certaines questions de ses interrogateurs : « Comment ils ont fait pour vous trouver ? Vous êtes toutes des femmes divorcées ! » Ce qui n'était d'ailleurs pas faux. Nargues en riait, en ajoutant : « Comme si cela les regardait ! » Elle était d'origine lor[1] – comme beaucoup d'autres détenues pendant mon séjour à Evin : au moins huit, toutes plus jolies les unes que les autres.

Fille de blessé de guerre (*janbaz*) et de martyr (*shahid*), elle tenait à cette double présentation. En fait, les martyrs de la guerre Iran-Irak ne sont pas seulement ceux qui sont tombés au front. Beaucoup sont morts de leurs

1. Les Lors sont une population en partie nomade, en partie sédentarisée et urbanisée. Ils vivent dispersés dans plusieurs régions, notamment le Khouzistan, le Loristan, le Kohkilouyeh-et-Bouyer-Ahmad. Sans oublier Téhéran, qui est désormais la capitale de la cohabitation et du mélange de toutes les ethnies d'Iran.

blessures après la guerre, et ce jusqu'à nos jours. Les blessés et autres mutilés de guerre finiront sans doute *shahid*, mais avant ce dénouement héroïque ils accèdent au statut de *janbaz* (littéralement : celui qui met sa vie en jeu). Nargues a entièrement raison de différencier les deux statuts, car les *janbaz* (qu'on déclinait de 25 % à 75 %, selon le sérieux de leurs blessures) étaient en majorité à la charge de leur famille, tout en recevant une pension proportionnelle à la gravité de leur état de santé.

Nargues Mansouri passait son temps, elle aussi, à écrire, à contester les accusations portées à son encontre, à demander à voir sa famille, notamment sa fille. Elle voulait également être reçue par le Guide qui, selon elle, pourrait parfaitement comprendre les raisons qui l'avaient poussée à rejoindre les Quatorze. Le personnel pénitentiaire la regardait de façon un peu hautaine en rétorquant : « Comme si Agha (le Guide) n'avait rien d'autre à faire ! » Le reste du temps, elle bataillait avec les autres, notamment ses interrogateurs. Elle se fâchait très vite. La crise démarrait infailliblement par des insultes au régime et au Guide et des cris puissants. Un jour, elle a tapé dans le miroir qui séparait l'accusée de ses interrogateurs. Celui-ci s'est brisé sur elle. Nargues a remonté les escaliers ensanglantée, soutenue par deux membres du personnel pénitentiaire. Elle n'a pas touché à son repas et a longtemps crié, sans effet. Tel est d'ailleurs le mode d'action des gardiennes. Faute de pouvoir aider les détenues, elles les laissent seules à leur détresse. En moins d'une heure, parfois deux, tout s'arrête. Si besoin est, vous êtes conduite à l'infirmerie et on vous administre un calmant, voire un antidépresseur.

J'avais appris – ne me demandez pas comment ! La circulation des informations est au top à Evin ! – qu'une des trois animatrices principales de ce mouvement des Quatorze, Shahla, une femme de 70 ans, avait été arrêtée et se trouvait dans la cellule au bout du couloir, juste avant d'emprunter les escaliers qui nous permettaient de descendre dans la cour. On est curieux en prison, et on est attiré par les nouvelles arrivantes. On aime faire connaissance avec elles, et surtout les rassurer pour qu'elles ne se sentent pas seules. Ayant beaucoup entendu parler de Shahla, qui avait une belle voix de ténor, j'avais bien sûr envie de la voir. Ce sont après tout les célébrités du monde d'Evin. Mais comment faire ? En passant devant sa porte, je guettais toujours la distance qui me séparait de la garde en charge de nous accompagner. Il ne faut quelquefois que 30 secondes pour ouvrir le judas et regarder dans la pièce. Je l'avais fait deux fois, toujours sous les cris des gardes ! Mais, ce jour-là, rien à faire.

Je renonce mais, au retour de ma promenade d'une demi-heure avec ma garde, je vois soudain qu'une de ses collègues se tient devant la porte de la cellule de la nouvelle arrivée, Shahla, en train d'échanger quelque chose avec elle. À notre approche, la garde referme la porte de la cellule pour que je ne puisse pas voir à l'intérieur de celle-ci, cache l'objet sous son tchador et s'efface pour nous laisser passer. Prise par une envie folle de communiquer avec Shahla j'élève la voix pour dire que je sais qui elle est. À peine prononcé l'inévitable rappel à l'ordre quant à l'obligation de ne pas échanger avec les autres détenues, je me rapproche de la garde et ouvre son tchador pour dévoiler la chose qu'il dissimulait, en disant : « Voyons voir ce que Shahla vous a rapporté ! » La garde recule, mais trop tard. Le tchador laisse apparaître ce qu'elle tient entre les mains.

– Ce n'est rien, ce n'est rien, me dit-elle. C'est un livre !

– Un livre ?! Elle a droit à des livres ?

– Oui.

– Elle vient d'arriver, non ?

– Oui.

– Et elle veut renverser le régime, n'est-ce pas ?

– Oui.

– Et pourquoi moi je n'en ai pas ?

– Vous n'avez pas droit aux livres !

– Et pourquoi ?

– Je ne sais pas.

– Mais cela fait quatre mois !

– Oui, mais nous n'avons toujours pas le droit de vous donner des livres !

Je ne sais plus ce qui m'a pris. Je cours vers la même porte que je venais de franchir en poussant des cris comme jamais – mais comme j'avais envie de le faire depuis longtemps. J'exige qu'on m'apporte la déclaration des Quatorze qui veulent renverser la République islamique, pour que j'aie enfin droit aux livres en attendant d'être fixée sur mes chefs d'accusation. Je ne sais pas combien de temps cela a pris. Je me suis retrouvée dans ma cellule en gémissant. Une garde m'a apporté de l'eau en me demandant de me calmer.

Elle me quitte en m'annonçant que l'administrateur du lieu, un certain M. Hosseini (en fait tout le monde s'appelle Hosseini, à Evin) allait venir me voir. C'est un homme d'environ 50 ans qui regarde par terre quand il s'adresse aux femmes, mais qui est très gentil et essaye toujours de trouver une solution aux problèmes des prisonnières. Il a coutume de dire : « Je n'y suis pour rien, moi. J'ai la charge de votre vie matérielle, c'est tout. Pour le reste je n'y peux rien. » C'est lui qui m'a un jour apporté de sa bibliothèque personnelle, à ma demande, la thèse de l'imam Khomeyni. Sous le prétexte de résoudre un problème relatif aux ablutions, j'avais demandé, pour changer de lecture, et pour rompre la monotonie de l'enfermement, le livre d'expertise (*resâleh*) sur les devoirs religieux de l'imam. En fait, cet ouvrage n'est pas considéré comme un livre à proprement parler, mais comme un recueil d'explications relatives aux prières, aux devoirs et aux autres obligations religieuses, ainsi qu'à la conduite des affaires, au monde contractuel. Autrement dit, il s'agit d'un ouvrage complémentaire, une sorte d'exégèse des versets coraniques traitant du monde des devoirs et des pratiques concrètes du vivre-en-société – selon certaines sources, quelque 10 % des versets – que les grands ayatollahs écrivent pour accéder au rang de

« source d'imitation » et dont la diffusion dans les foyers est très large, tout croyant pouvant en avoir besoin à un moment ou un autre. À ma grande surprise, j'avais appris que la très grande bibliothèque de la prison d'Evin n'en disposait pas.

Quelques minutes plus tard, on frappe à ma porte : « Madame Adelkhah, *Hajagha* (qualificatif commun) veut vous voir, mettez votre voile ! » Je réponds que je ne suis pas d'humeur à parler avec qui que ce soit. Je veux juste entrer dans l'opposition et signer la déclaration pour avoir des livres. De l'autre côté de la porte, M. Hosseini me rassure. Il va prendre sur lui de m'apporter des livres au plus vite, mais je dois d'abord me calmer. « Voulez-vous autre chose ? » me demande-t-il. Je réponds que non, sans me rapprocher de la porte comme on est censé le faire. Le soir même, j'ai reçu quelques livres, de littérature religieuse, un peu enfantins, sur la vie des innocents. Sans cracher dans la soupe, je leur fais comprendre que j'ai été élevée dans une famille religieuse et que j'ai besoin de lectures plus substantielles. Néanmoins j'ai commencé à les lire et, ma foi, ils n'étaient pas sans intérêt eu égard aux recherches que j'avais entamées à Qom.

Dans le tas j'ai pu trouver pas mal de bons ouvrages, notamment trois livres d'un grand clerc, Ali Safai Haeri, le seul, à ma connaissance, qui ne s'est pas plié aux mobilisations de la République islamique en 1979. En parfait désaccord avec l'imam Komeyni et sa conception du *velayat-e faghih*, le gouvernement du jurisconsulte, il a choisi de tourner le dos au pouvoir, bien que très jeune,

30 ans, au moment de la Révolution, de retourner au *hozeh*, l'école religieuse, et de reprendre son cheminement mystique malgré les pressions politiques et les contrôles auxquels il n'a pu échapper. Mort dans un accident de voiture en 1999 à l'âge de 48 ans, auteur de quelque soixante-dix livres, essentiellement de méthode, Ali Safai Haeri était un clerc pour lequel la religion, comme structure, relevait de l'Art.

Quelques jours plus tard, la porte s'ouvre. On me remet un sachet tout blanc en plastique, bien rempli. Je l'ouvre : huit livres qui m'apportaient l'odeur d'un passé non révolu que je revivais dans mon sommeil et dont je soignais les moindres souvenirs, notamment celui de l'emballage d'un paquet de chocolat que mes interrogateurs m'avaient un jour remis de la part de Roland, l'ami de toujours, celui-là même que j'allais accueillir le jour de mon arrestation. Des livres en français : de Foucault, de Max Weber, des romans, du Virgile, des poèmes… D'où viennent-ils ? « De votre ambassade », me répond la garde, comme pour me rappeler que je travaillais pour le compte des étrangers. Je n'ai pas eu de cris à pousser. Je me suis contentée de m'évader au loin, au moins en pensée, à travers ces livres, vers mes amis qui les avaient envoyés, et vers le lieu d'où ils me venaient, en fait le rez-de-chaussée du même bâtiment où était détenu Roland, qui les avait réceptionnés en premier. Une autre étape de ma vie venait de commencer. Je pouvais désormais lire autre chose que le « Livre généreux ». L'heure étant à l'espoir, j'ai très vite renoncé à mon adhésion au groupe des Quatorze dont les membres arrivaient les unes après les autres à Evin.

Roland : le cri étouffé

Evin, comme ensemble pénitentiaire, est composé, du moins pour la partie dans laquelle se situent à la fois le lieu de détention provisoire et celui de ma détention, d'un agglomérat de villas, plus ou moins grandes, typique de la société iranienne. Il est fréquent qu'il y ait un espace de stationnement devant et une cour derrière. Dans les maisons exposées au nord, on entre directement dans la grande cour, mais il y a ensuite une petite cour à l'arrière. Ce sont ces cours qui servent généralement à la promenade. Quand vous vous rendez à l'infirmerie, dans les bureaux du procureur ou dans ceux de l'administration carcérale, il n'est pas rare de retrouver des éléments d'un ancien bâtiment annexe ou le faste décrépit du passé révolu d'une villa. Il en est ainsi de la grande cour, avec ses rosiers immenses et sa piscine, certes vide et délabrée, en son milieu, à laquelle les hommes ont accès pour leur promenade. De manière inopinée, et sans autorisation, j'ai pu moi aussi en profiter un jour.

Les gardiennes m'avaient fait entrer dans une pièce avec un bandeau sur les yeux. Mais les interrogateurs m'avaient permis de le retirer pour la discussion. Car, me dirent-ils six mois après mon arrestation, il s'agirait d'une vraie discussion, cette fois-ci. Ils prétendirent que mes propos les avaient convaincus et qu'ils allaient changer leur méthode d'interrogatoire pour arriver à des résultats satisfaisants quant à mon avenir carcéral. Un nouveau mensonge, auquel j'ai cru. J'ai mis du temps à comprendre que mentir fait partie de leur profession. La réunion étant terminée, la bande d'interrogateurs – au nombre de trois – s'est retirée, sans doute pour rappeler ma gardienne qui devait venir me chercher afin de me reconduire à ma cellule, dans l'immeuble d'à côté, relié au bureau dans lequel je me trouvais par des passerelles et des escaliers. Par conséquent, j'étais seule dans la pièce. Hésitante, car, comme je l'ai déjà écrit, on intègre vite les interdits en prison, je me suis alors levée avec les précautions nécessaires, et presque comme une voleuse, pour m'approcher de la très belle fenêtre. Ouf ! Des promenades de groupe chez les hommes ! Comment était-ce possible ? Nous étions pourtant toujours dans le même lieu, et en détention provisoire ! Ils étaient une trentaine, habillés en pyjama carcéral. Beaucoup marchaient seuls, d'autres par deux ou trois, mais pas plus. Certains assis, dans une cour ensoleillée, et au milieu des rosiers, autour d'un bassin vide. Les interdits ne sont pas les mêmes pour tout le monde, en prison. Ce ne sont pas des interdits fixés en fonction des accusés. Ils sont dictés par la configuration des lieux ou les limites de l'encadrement. Bref, ce qui me faisait rêver relevait du quotidien pour d'autres. Evin est un monde de discrimination, et les femmes sont toujours les moins ou les plus mal servies.

Revenons à Evin en son béton. Cet espace répond naturellement à des exigences sécuritaires et carcérales. Il a fallu ajouter des murs, les renforcer, les élever, et construire des escaliers et des passerelles pour la circulation des détenus et des gardes. Mais Evin, en tout cas l'Evin que j'ai connu, ne comporte pas de bâtiment portant une identité proprement carcérale, à l'exception du *band-e* 209, celui du ministère du Renseignement, au sein duquel j'ai passé trois semaines avant ma libération conditionnelle et qui est constitué de couloirs parallèles, fermés à la lumière. L'extension du complexe pénitentiaire, dans le nord de la ville, s'est faite par annexion et réaménagement de villas existantes qui n'ont pas été détruites. Quand on sort de sa cellule – et cela arrive souvent, que ce soit en marchant, ce qui est rare, ou en voiture ou en minibus –, on évolue dans cet espace de ruelles (*koucheh*) ou d'allées bordées de platanes mais aussi de mûriers, nombreux dans ce quartier et dont on raffole en Iran, ainsi que de rosiers et autres buissons floraux dont on vole parfois les fleurs pour en faire des bouquets et les offrir à nos codétenues, comme le faisait souvent Niloufar. Ce paysage m'est d'autant plus familier que la prison se situe sur les hauteurs du quartier d'Evin – Evin Darakeh – au pied du mont Alborz, sur les lieux de randonnée du vendredi de ma jeunesse, avec mes amis. L'administration pénitentiaire a progressivement étendu son emprise en la cernant de hauts murs en béton, symboles, aux yeux des passants, de l'oppression, de l'injustice et de la torture du régime en place, que ce soit celui du Shah ou de la République islamique.

Un soir, alors qu'il faisait encore très bon, les derniers jours du printemps, avant que la chaleur ne s'installe, on vient me chercher pour la promenade, vers 18 heures, quand c'est mon tour (l'attente est souvent longue, l'heure de la promenade dépendant du nombre de détenues). Il y a du soleil sur les escaliers qui conduisent à la cour, mais non dans celle-ci. Je demande à la garde qui m'accompagne de me laisser m'asseoir sur les escaliers. Elle n'y voit pas d'inconvénient. Elle me dit qu'elle viendra me chercher dans 30 minutes. J'accepte. Elle insiste : je ne dois pas bouger. J'acquiesce à nouveau.

Assise sur les premières marches, je me tords dans tous les sens, comme un tournesol, en descendant progressivement les marches pour accompagner le mouvement du soleil afin de capter le plus de rayons possible. Je m'enivre de soleil. Ayant fermé les yeux, j'expose mon visage à la douceur de la lumière qui frappe ces murs et m'emporte loin dans mes souvenirs. Je savais que j'allais être libre un jour, je ne me tracassais pas trop avec ce que l'avenir me réservait. Je n'étais jamais très inquiète pour moi, mais pour mes contacts, mes amis, ceux avec qui j'avais échangé des e-mails et dont les noms revenaient lors des interrogatoires. Au risque de vous surprendre, je dois admettre que l'emprisonnement vous libère, comme un coup de tonnerre, de toutes vos urgences et obligations. Une prison peut en cacher d'autres, pourrait-on blaguer. Elle vous libère d'autres enfermements. Je me suis sentie quant à moi soudain déchargée de toute une série de fardeaux, d'autant plus lourds qu'ils étaient indistincts, dépourvus de contours, de nom, de responsables, de lieux, de temporalité, de durée. On peut vivre l'emprisonnement comme une sorte d'anesthésie. J'étais encore un peu dans les nuages desquels j'avais du mal à redescendre, si tant est que je le voulusse vraiment. Qu'on l'admette ou non, la vie n'est pas un long fleuve tranquille, mais plutôt sanglant, comme le disait Maxime Rodinson. Tout un chacun en fait l'expérience à son propre niveau. Et dans la mesure où on ne peut pas tomber plus bas, les murs de la prison peuvent être un rempart de sécurité, une protection, ils peuvent être vécus comme libérateurs. En fait, l'expérience carcérale est d'autant plus étrange qu'elle n'est pas toujours, ni nécessairement, vécue comme une rupture. Elle est aussi un moment de règlement de comptes, à plusieurs niveaux, mais dans un contexte fort différent, car l'inculpée est désormais inatteignable par le monde extérieur. Oui ! La prison peut être vécue comme un refuge qui vous protège des autres. Certaines – je ne parle jamais que des femmes, et des années 2019-2023 – en deviennent dépendantes, comme d'une addiction. Elles n'arrivent pas à la quitter, y compris dans leur tête et une fois sorties, ce qui pose d'horribles problèmes de réinsertion dans la vie normale après leur libération. D'autres y retournent en *snapp taxi* à l'issue de leur permission, un congé dit-on, ou à la suite d'un nouveau mandat d'arrêt, résignées à ce nouveau séjour, la valise en main, certaines avec de gros livres que la « liberté ne donne jamais le temps de lire », pour reprendre la formule d'une codétenue qui rapportait *Les Misérables* de Victor Hugo, ou avec des cadeaux, et bien sûr leurs effets personnels, souvent les plus recherchés, car, ne l'oubliez pas, le souci de distinction ne nous quitte jamais, même lorsqu'il s'agit d'aller en prison.

Assise sur ces escaliers, sachant que dans une demi-heure on me ramènerait à ma cellule, et que désormais, hors l'interminable attente, ma vie ressemblait de plus en plus à celle d'un nourrisson : manger, déféquer et dormir (MDD), rien n'était plus urgent que de savourer pleinement le moment et les rayons de soleil qui pénétraient ma peau. À travers les fentes, entre les marches, je pouvais voir, en bas, le passage qui nous conduisait aux pièces d'interrogatoire et qui était également emprunté par les hommes qui avaient été arrêtés eux aussi par les gardiens de la révolution.

Ce jour-là j'avais fermé mes yeux face au soleil quand j'entendis la porte du rez-de-chaussée s'ouvrir. Curieuse, je me penche pour regarder ce qui se passe en bas. De là où je suis assise, je ne vois que des pieds qui cherchent de façon étrange leurs pantoufles ! Nous, les Iraniens, nous les trouvons instinctivement et nous y glissons automatiquement nos pieds. La personne, en bas, se bagarrait drôlement avec ses pantoufles en plastique devant la porte. Celles-ci se tournaient sous les coups de pied maladroits, se mettaient tantôt à l'endroit, tantôt à l'envers. L'homme portait des chaussettes noires et un beau pantalon, bleu marine, avec un ourlet, ce qui est rare en Iran. J'ai pu remarquer ensuite une ceinture noire et une chemise à rayures bleues. Je me suis alors précipitée pour me pencher comme j'ai pu, afin de voir le reste, étant donné que tout était étrangement familier à mes yeux. Soudain je vois Roland, l'ami que j'allais chercher à l'aéroport au moment de mon arrestation, et dont on m'avait dit, la main sur le cœur, qu'il avait quitté le territoire au terme de son visa de cinq jours, après avoir été hébergé par les soins des gardiens de la révolution dans un hôtel, non loin de l'aéroport. Il est conduit, les yeux bandés, comme nous les femmes, chez son interrogateur. En temps normal je l'aurais hélé par son diminutif, Rolani. Mais là rien ne sort de ma bouche, rien, absolument rien ! Le silence, et rien que le silence, et je suis sans aucun mouvement devant cette découverte. La garde qui est dans son bureau, à son poste de travail, et surveille la situation grâce aux multiples caméras, voyant que quelque chose ne va pas, revient vers moi et me demande s'il y a un problème.

Je lui dis que j'ai vu mon ami en bas ! « Vous vous êtes sans doute trompée », rétorque-t-elle sur un ton convaincu, à défaut d'être convaincant. Et de m'annoncer précipitamment, pour changer de sujet, que c'est la fin de la promenade pour cet après-midi, et de me reconduire à ma cellule.

Je me suis souvent interrogée sur les raisons de mon silence. Pourquoi n'ai-je pas crié le nom de Roland ? Mon mutisme et mon calme me surprennent d'autant plus que chaque jour je questionnais mes interrogateurs : « Qu'avez-vous fait de Roland ? Qu'est-ce que vous lui avez dit ? Comment il a réagi à la nouvelle de mon arrestation ? » Naïve que j'étais, je pensais que les gardiens de la révolution l'avaient tenu informé des doutes de l'administration sur mes relations et sur mon travail. J'étais à mille lieues de penser qu'il pouvait être arrêté et se retrouver dans la même prison que moi.

Je m'avance des bribes de réponses, mais aucune ne m'a l'air satisfaisante. D'abord la pudeur et la retenue, voire l'autocensure, étant donné que j'avais été familiarisée aux codes à respecter à Evin. Jusqu'à ces hommes qui boutonnent leur chemise jusqu'au cou et ne regardent pas leur victime féminine ! Habillée d'un tee-shirt sans manches, j'étais en tenue d'intérieur, une sorte de pyjama pour aller au lit, un peu trop grand pour moi et laissant apparaître mon cou bien dégagé. Rien de gênant quand on est entre femmes, mais devant un homme croyant, du moins en apparence, de surcroît *maktabi*, doctrinaire – ils le sont tous dans ce genre d'institution, ou doivent faire semblant –, je dois avouer que c'était limite ! Si j'appelais Roland par son prénom, celui qui allait lever sa tête dans la bonne direction c'était son garde, à 4 ou 5 mètres de moi ! Je ne sais pas si je craignais le regard d'un étranger sur mon corps peu couvert, du point de vue de la tradition, ou si je n'avais tout simplement pas le courage de l'imprévisible entre les murs d'Evin.

D'un autre côté, j'ai été désarmée devant cette réalité. Je crois que j'ai été tout simplement tellement rassurée de savoir que Roland était là, avec moi, au rez-de-chaussée, que je n'en voulais pas plus. Prendre conscience de cette réalité m'a tout simplement demandé du temps. C'était dur, mais c'était rassurant pour moi, non pas de le savoir condamné au même destin que moi, certes pas !, mais de savoir où il était. Depuis mon arrestation, c'était mon unique interrogation : qu'est-il arrivé à Roland, une fois les contrôles passés, dans une ville où il ne connaît que ma famille et n'a aucun numéro de téléphone ni adresse à contacter ? Je pensais à ces mères de soldats disparus auxquelles on annonce que leur enfant a péri au front mais qui ne parviennent pas à calmer leur douleur et cherchent désespérément un signe de vie. Et qui, quand on leur présente un corps, fût-il déchiqueté, assistent à son enterrement, s'apaisent et entament leur travail de deuil.

Quoi qu'il en soit, mon silence et mon attitude m'ont longtemps questionnée au point que j'ai rêvé de ce cri manqué, pendant très longtemps. J'ignore toujours si Roland savait à ce moment que j'étais moi aussi à Evin. Quand l'a-t-il appris ? Je ne le sais toujours pas. L'évocation de cette première rencontre est même devenue un sujet de dispute téléphonique entre nous quand je me suis trouvée en résidence surveillée, munie d'un bracelet électronique, alors que lui était rentré en France. Roland pense avoir été mis dans la tenue carcérale dès son arrivée à Evin. Il le disait avec une telle assurance que j'ai commencé à douter de ce que j'avais vu. J'ai vite pris la juste mesure de ma fragilité, désormais insoutenable mais bien réelle. Je me suis alors lancée, agente 007 dans l'âme, par l'intermédiaire de ma grande sœur, dans la recherche de la vérité, sans savoir que j'allais avoir encore plus mal. Je lui ai fait demander des informations à la famille de l'Irano-Américain dont j'avais appris qu'il avait partagé la cellule de Roland. Ainsi, j'ai pu comprendre que, durant les dix premiers jours de sa détention, ce dernier avait gardé sa valise et était donc dans ses propres habits. Lorsque j'ai entraperçu Roland bataillant avec ses pantoufles, nous étions au neuvième jour de mon arrestation. Je venais de mettre fin à ma première grève de la faim pour pouvoir appeler pour la première fois ma sœur au téléphone, au huitième jour de ma détention. Roland n'a fait son entrée administrative à Evin que le dixième jour de notre arrestation. Je pense que les autorités iraniennes pesaient encore le pour et le contre et espéraient conclure rapidement une négociation avec les autorités françaises.

Le lendemain de cette rencontre, qui n'en fut pas une, on m'appelle à l'interrogatoire.

– Roland est ici ! Vous l'avez arrêté comme moi !

– Qui vous l'a dit ? Il vous a menti, il est parti comme je vous l'ai dit, moi !

– Personne ne me l'a dit, je l'ai vu de mes propres yeux !

– Vous vous êtes trompée ! Ce n'était pas lui, il est parti, je vous l'ai déjà dit !

J'ai encore une fois étouffé mes cris, mais la vengeance est un plat qui se mange froid. Un jour, j'ai lancé une bouteille d'eau à la tête de cet homme.

Être prisonnière politique n'est ni une idéologie ni une conviction

Il est vrai que le quartier des femmes, à Evin, n'abrite que des prisonnières dites politico-sécuritaires. Mais de là à penser qu'elles sont unies par une cause ou une action, il y a un pas que je ne franchirai pas. En dehors même du fait qu'on ne peut pas donner une définition précise de cette qualification, son attribution ne relève pas d'une décision qu'auraient prise la majorité des femmes qui occupent ce lieu.

D'abord, parce que ce qui fait des femmes des prisonnières « politico-sécuritaires » varie d'une personne à l'autre. Entre la revendication de la liberté de mise et l'envoi de clips à Masih Alinejad, l'opposante acharnée de la République islamique vivant en Amérique, entre l'affichage de communiqués ou de textes émanant des Moudjahidines du peuple, une organisation armée dont l'objectif premier et ultime est le renversement du régime, et la publication sur Internet d'une revue numérique d'orientation gauchiste, il n'y a rien de comparable.

Ensuite parce qu'il n'y a guère d'entente parmi les prisonnières, hormis sur les questions d'hygiène – j'y reviendrai dans une prochaine chronique – ni même de solidarité entre elles qui les unirait et leur permettrait d'agir de concert. Les pétitions qui sortent d'Evin ne sont signées que par des groupes circonscrits de détenues, ou par des individualités. Celles qui en prennent l'initiative n'en parlent pas à leurs compagnes d'infortune ni ne communiquent sur le pourquoi et le comment de leur acte. Les actions collectives sont rarissimes, sinon pour chanter, faire la fête ou commémorer un deuil. Soit qu'il est difficile de mettre tout le monde d'accord ; soit, et c'est sans doute un facteur explicatif plus important, que les signataires ne veulent pas ajouter sur leur pétition d'autres noms que les leurs. Ne pas oublier que la militante politique en Iran a des penchants pour le cavalier seul… Autrement dit, plus politique que moi tu meurs ! La cause du politique est noble et ne se mêle pas aux autres. On peut y voir une tradition héritée du temps de la monarchie. Le secret de l'action était nécessaire pour mieux se protéger (et protéger les autres) de la répression. Bref, celles qui veulent changer la société sont peu portées à communiquer avec les autres détenues, alors même qu'elles vivent sous l'œil des caméras de façon permanente et que les échanges avec l'extérieur passent quasi exclusivement par le téléphone, évidemment mis sur écoute. Entre les royalistes, les gauchistes, les Moudjahidines du peuple, les bahaïes, les adeptes des derviches (les confréries soufies), les réformatrices, les converties au christianisme, les vraies activistes politiques (ne l'est pas qui veut !) font toujours le choix de n'apparaître que parmi les leurs ou leurs élues. Elles reproduisent un peu la logique des « maisons d'équipe » *(khaneha-ye timi)* dans lesquelles les militants vivaient en autarcie et dans la clandestinité pendant la révolution et dans les années qui ont suivi.

En définitive, ce qui prévaut dans le quartier des femmes, c'est le mode du ghetto. Et c'est bien là que le bât blesse. Pas d'unité sans dialogue. Pas d'unité non plus si tout le monde veut être leader. De plus, ce mode d'organisation est source de tensions et de conflits permanents entre les femmes dans la mesure où leurs alliances ne sont jamais stables et où leur délitement, leur retournement sont douloureux. En prison plus qu'ailleurs on passe son temps à confier ses secrets (et ceux des autres), dans l'angoisse d'être dénoncée ou trahie (il y a un problème). Bien sûr, chaque courant peut se subdiviser par moments, ou se reconstituer. Les clivages sont aussi importants parmi les membres d'un groupe qu'entre des groupes différents.

Ainsi, Bahareh Si-Soleimani, une intellectuelle de gauche, avait publié sur Internet une plainte contre les royalistes dont l'une des membres s'amusait à lancer le slogan « À bas les trois corrompus : le mollah, le gauchiste, le Moudjahidine ! » (en persan cela rime) chaque fois qu'elle passait à côté de son lit, alors qu'elle-même s'y reposait. En fait, cette provocation ne faisait que répondre à un slogan antérieur des gauchistes : « À bas l'oppresseur, qu'il soit Shah ou Guide ! » Les critiques à l'encontre des autres sensibilités politiques que la sienne sont monnaie courante.

Les détenues soupçonnent souvent les autres de recevoir de l'argent de l'étranger, par exemple de Reza Pahlavi, installé aux États-Unis, ou du commandement des Moudjahidines du peuple, établi en France. Les noms de certains mouvements terroristes sont également évoqués, comme celui d'Al-Ahvaziya, soupçonné de venir en aide aux personnes originaires de sa région d'implantation, le Khouzistan.

Finalement, détenues, interrogateurs et autorités pénitentiaires partagent la même culture du soupçon. Un jour, Zahra, une Moudjahidine du peuple avec laquelle je lisais l'exégèse de l'ayatollah Taleghani, que j'aidais en anglais et dont je partageais souvent la table au déjeuner, me dit, sans doute pas méchamment, tout à fait naturellement, que si les Français m'avaient recrutée parmi tant d'autres agents possibles, c'est qu'ils étaient très intelligents : « Mieux valait une Fariba qu'une Française de souche ! » J'ai souvent pensé que les Moudjahidines du peuple sont un peu la branche stalinienne de la République islamique. Zahra, par ses prises de position, le confirmait par moments. En l'occurrence, néanmoins, elle traduisait moins les préjugés spécifiques de son organisation que ceux de la société iranienne dans son ensemble, et aussi d'un esprit de corps (*asabiyya*) très répandu, y compris chez les clercs, et que résume fort bien l'adage : « La lampe utile à ton foyer est interdite (au sens religieux du terme : *haram*) à la mosquée. »

On disait aussi d'une autre prisonnière qu'elle avait travaillé pour les gardiens de la révolution avant de clamer aujourd'hui être leur victime. On est cruelles, entre prisonnières.

Être prisonnière politique n'est ni une idéologie ni une conviction commune. Le seul dénominateur commun, c'est que toutes les détenues (ou presque) sont à Evin contre leur gré et accusées d'avoir mis en péril la sécurité du pays. L'un des médecins généralistes de la clinique, le meilleur d'entre eux d'ailleurs, se plaignait avec un certain sens de l'humour : « Je sais bien que vous êtes toutes innocentes. Le coupable, c'est bien moi qui suis enfermé ici et ne peux pas me débarrasser de vous ! » Or la plupart de ces prisonnières rappellent qu'elles n'ont fait qu'émettre des critiques ou défendre des revendications sectorielles ou catégorielles, dans le cadre des libertés d'expression et syndicales reconnues par la Constitution. Par ailleurs, le sort des détenues bahaïes, adeptes des confréries soufies ou converties au christianisme laisse de marbre les prisonnières politiques dès lors que l'opposition à la République islamique passe chez elles par le rejet de la religion. Pour autant, elles ne formulent ni les mêmes critiques à l'encontre du régime ni ne déploient les mêmes stratégies. Quand l'avocate Nasrin Sotoudeh, toujours soucieuse de venir en aide à ses codétenues injustement privées de liberté, a fait une grève de la faim pour les soutenir, une grande affiche n'a pas tardé à être posée sur le mur de la cuisine, afin que nulle ne puisse l'ignorer. Ses lettres de couleur proclamaient : « Nous ne voulons pas de tutelle ! » Certaines reprochaient à Nasrin Sotoudeh de rouler pour elle-même, notamment dans l'espoir d'obtenir un prix international, et d'utiliser à cette fin la cause des autres prisonnières.

Dans la plupart des cas, on ne choisit pas d'être prisonnière politique. Il ne s'agit même pas d'une conviction. Prisonnière politique, vous le devenez par la volonté du pouvoir ! Les accusées, avant leur détention, vivent dans la société, certaines sont fonctionnaires, d'autres travaillent à leur compte. Elles se marient, font des études, voyagent, ont des enfants, portent des vêtements à la mode, se livrent à la contrebande de valises, spéculent, investissent dans l'immobilier, caressent des projets d'émigration… ou mènent des recherches en anthropologie. En soi, défendre une cause politique ou humanitaire, être dans l'opposition, militer n'est pas une condition suffisante à l'exercice de la solidarité. Prisonnière politique, on le devient à Evin, et on n'est pas plus solidaire entre ces murs que dans le reste de la société. Hachemi Rafsandjani et Lotfollah Meysami, ainsi que Monireh Baradaran et Homa Kalhori ont écrit de très belles pages dans leurs mémoires en montrant notamment comment les geôles du Shah ont été le moule des alignements et des inimitiés politiques postrévolutionnaires. Les victimes de la répression sont d'abord des êtres en société, avec leurs stratégies, leurs intérêts, leurs affects.

La dette de la violence à la justice

Il est tard, on est en automne. Un mois environ après le début du mouvement « Femme, vie, liberté ». Il fait nuit à 18 heures, mais il est bien plus tard, car je me préparais à faire mes prières du soir… Des odeurs, depuis un moment. Qu'est-ce qu'on brûle ?! Puis on entend des tirs, un ici, deux là-bas, à peine audibles, mais cela suffit pour agiter le *band*. Cela tire de plus en plus, et de plus en plus fort. Certaines d'entre nous attirent notre attention sur l'agitation des gardes sur la colline, en face de l'aile ouest de notre lieu de vie. Très vite le *band*, qui compte à l'époque cinquante-cinq prisonnières – dont les dix-neuf de Qarchak – se met en émoi. Les détenues s'exclament : « Ils sont enfin venus nous libérer ! » crient les unes, sans rire ; « Ils vont nous cramer vives », s'effrayent les autres, tout aussi sérieuses.

Ce genre de propos peut irriter dans la mesure où ils sont sans fondement et contrastent avec le vécu quotidien des détenues et leurs rapports réels avec le personnel ou les autorités pénitentiaires. Car, dans les faits, ces relations sont très importantes et précieuses. Les prisonnières s'asseyent avec les gardiennes, rient avec elles, les sollicitent pour résoudre leurs problèmes. Parfois elles se réfugient même auprès d'elles quand elles ne peuvent plus supporter leurs codétenues.

Or ces allégations alarmistes n'ont rien d'exceptionnel. Je me souviens d'avoir entendu, en passant devant le téléphone, une prisonnière, plus ou moins de ma génération, assurer à son interlocuteur que « cette bande d'enfoirés est venue brûler les collines d'en face pour nous priver du paysage verdoyant ». Il faut souffrir, ou à défaut, faire semblant de souffrir. La jeune activiste du mouvement étudiant disait qu'il était convenable de quitter Evin un peu amaigrie. La prisonnière aime à se présenter en victime, voire en martyre, peut-être pour se conformer à l'attente de ses proches en liberté.

L'opprimée ne peut pas mieux exprimer son consentement à sa propre oppression. On a beau être inculpée sous le chef des pires accusations qui soient et vivre sous la pression de l'emprisonnement, les critères d'évaluation et de distinction que l'on met en œuvre restent ceux d'hier, inchangés de la monarchie à la République islamique. Les dualités sous-jacentes à la société politique iranienne depuis au moins un siècle ont la vie longue. Il en va ainsi des dichotomies incontournables : entre l'intellectuel et l'homme de la rue ; entre les riches du nord de Téhéran – notamment ceux du quartier huppé de Pasdaran, jadis nommé Niavaran, mais dont on adopte curieusement l'appellation révolutionnaire – et les gens du sud de la ville et de ses banlieues, telles qu'Eslamshahr ; entre les religieux et les laïcs, tant faire ses prières est, aux yeux de certaines, un signe de complicité avec le régime, voire avec ses bourreaux ; entre la gauche et les autres ; entre l'avant et l'après de la révolution. Ces vieilles dichotomies se perpétuent chez les personnes libres aussi bien que chez celles qui sont en prison. Beaucoup ferment les yeux sur les effets tenaces de discrimination ou d'exclusion qu'elles induisent et se recroquevillent sur leur souffrance propre. Les prisonnières que j'ai côtoyées se coulaient dans les formes de répression qui les opprimaient et absorbaient les représentations de l'État, souvent préexistantes à la révolution.

Mais il y a sans doute plus. Que l'on soit chiite ou non, le juste combat passe par le dépassement de soi, voire au détriment de soi. Quelles que soient les raisons pour lesquelles on est arrêtée, on s'identifie ainsi volontiers, une fois en prison, aux défenseuses d'une cause – un combat que suffisent à justifier l'enfermement et les privations qu'il entraîne. L'accomplissement de la lutte, réelle ou fictive, de la prisonnière réside dans la permanence des menaces qui pèsent sur elle, dans le poids des injustices qu'elle subit, dans l'ingérence de ses geôliers – fût-elle imaginaire, et même surtout quand elle l'est – dans sa vie quotidienne. La prison, comme la nation, est une « communauté imaginée », au sens où l'entend Benedict Anderson.

Dit autrement, la réclusion ne suffit pas à rendre légitime le combat. Seuls la poursuite de la lutte et le feu de l'action peuvent le faire. Une détenue, par exemple, aimera à dire qu'elle a été privée de téléphone sans préciser que ce fut seulement pour une période, ni parce qu'elle l'utilisait pour recevoir des cours de chant, ni enfin que d'autres détenues lui laissaient l'usage de leur propre temps de téléphone – ce qui est une pratique courante quand on n'a pas grand-chose à dire à sa famille. Ce flou énigmatique est constitutif du discours des prisonnières et fait l'objet d'un consensus. On dira par exemple d'une détenue qu'on lui a cassé le poignet, mais rien des circonstances dans lesquelles cela s'est produit. On parlera d'une prisonnière à qui est refusé l'accès à l'hôpital, sans autre commentaire, car après tout elle a droit au silence – ce droit au silence, une véritable rente de la situation pénitentiaire ! En cas de violence, les geôliers et geôlières en portent seuls le fardeau, et curieusement cette violence concerne surtout les autres, pas vraiment soi-même. Enfin, pourquoi souffrir si cela n'est pas su ? Les médias, les réseaux sociaux doivent en être informés. Le nec plus ultra est non seulement de subir, mais aussi d'en faire état aux autres.

La souffrance prend tout son sens quand elle fait l'objet d'une communication, laquelle naturellement la dramatise. Pour se suicider, on avalera des pilules devant témoins tout en faisant semblant de ne pas les voir, alors qu'on pourrait les ingurgiter dans la salle de bains ou derrière les rideaux bien tirés de son lit, sans se faire surprendre. Une Moudjahidine du peuple y rédigeait bien ses rapports tous les soirs sur un téléphone portable pour les envoyer à qui de droit sans que personne s'en aperçoive, ni les gardiennes ni les détenues, avant la découverte de l'appareil le jour de son départ – même si l'existence de ce téléphone dans le *band* était un « secret public » qu'avaient évoqué les responsables pénitentiaires. J'ai même entendu dire, un jour, que les gardiennes avaient été réprimandées parce qu'elles avaient trouvé et confisqué le fameux appareil alors qu'elles auraient dû laisser partir la Moudjahidine avec lui afin que les services de sécurité puissent continuer à en intercepter les échanges ! Voudrais-je écrire un roman policier qu'il me suffirait de décrire le quotidien d'Evin…

En attendant, cela sent de plus en plus mauvais. Les yeux piquent. Les tirs se rapprochent et s'intensifient. Je ne veux plus rien entendre de l'hystérie ambiante et je me retire dans mon lit, malgré le boucan qui vient du bas. Ce n'est pas tenable. Soudain une détenue crie : « Venez voir les flammes ! » Je me relève et me dirige vers les sanitaires, sur la façade nord, car on ne voit rien par les grandes fenêtres donnant sur l'ouest. C'est là que je prends conscience de l'étendue du désastre. Que de flammes, de fumée ! Dans la partie ancienne d'Evin, au niveau de l'atelier de couture et des *band* 7, 8 et 240, sur les hauteurs, loin de notre bâtiment. Je décide de descendre pour voir ce qui se passe. La grille contrôlant l'accès au bureau du personnel est fermée. Trois ou quatre détenues se sont mises à la détruire à l'aide des poids de la salle de gym et en faisant pression de leur corps. La porte finit par céder. La foule des détenues se hâte vers la sortie du quartier des femmes en passant devant le bureau des gardiennes. Celles-ci font barrage. Mais l'énergie des détenues est irrépressible. On crie, on s'en prend aux gardiennes. La sonnerie du bâtiment retentit. Les gardiennes ouvrent la porte non sans peine, et désormais elle va être difficile à refermer. Le nouveau venu y parvient néanmoins. Il s'agit de M. Hayatolgheyb, le directeur des prisons de Téhéran, flanqué de trois de ses collaborateurs. Les prisonnières poussent vers l'extérieur, M. Hayatolgheyb et ses collègues vers l'intérieur en criant : « Si vous sortez, je ne peux pas garantir votre survie, ils vont vous tirer dessus. Ce sont les forces anti-émeutes. Ils ont une autre logique, d'autres ordres ! Je ne peux pas vous laisser sortir ! » Il crie de plus en plus fort, rouge comme une betterave. Il supplie même. « Faites-moi confiance ! Je ne peux pas vous laisser sortir ! » Il le répète et le répète : « Ils vous tireront dessus ! », s'adressant même par leur prénom à certaines des récalcitrantes, de manière presque affectueuse.

« Où veulent-elles aller ? » demandé-je à Sepideh qui est juste à côté de moi, essoufflée car elle s'est mêlée à la foule des prisonnières pour essayer de les raisonner, surtout les plus jeunes, pendant que je me tiens à l'écart, debout devant la porte séparant le couloir de la petite cour, à l'entrée de notre quartier, pour observer la scène. « Dehors, pour libérer les autres », me répond Sepideh, avec un petit sourire.

Le barrage du directeur tient bon, et pour cause : les détenues qui veulent le forcer ne sont plus que quatre ou cinq. Les autres, la majorité, plus réalistes ou plus conformistes, attendent la révolution pour s'y accrocher.

Elles semblent ne pas vouloir s'en mêler parce qu'elles savent la cause perdue, et aussi par crainte d'une nouvelle condamnation et d'une prolongation de leur peine. Néanmoins, elles restent là pour assister au face-à-face, tout en toussant sous l'effet des gaz lacrymogènes. Il faut deux ou trois heures pour que le calme revienne dans le *band*, que la lumière s'éteigne et qu'une longue nuit de sommeil puisse commencer. Mais nous savons déjà que l'enquête auprès des détenues durera plusieurs jours – en tout cas, j'en suis convaincue.

L'idée prévaut – et pour longtemps – selon laquelle le coup était prémédité. Les portes blindées n'avaient-elles pas été restaurées un mois avant ? Les extincteurs n'avaient-ils pas été retirés la veille de l'incendie ? Les prisonniers binationaux n'avaient-ils pas été déplacés, ou leur permission de sortie n'avait-elle pas été prolongée ? Ce narratif est nourri des nouvelles qui nous parviennent des *band* 4 et 6 dans lesquels sont emprisonnés les maris de certaines d'entre nous, ou par le biais des visites familiales et des conversations téléphoniques avec l'extérieur. On parle de dix à quatre-vingts morts, d'un nombre élevé d'évasions.

Il semblerait en définitive que l'incendie se soit déclaré dans l'atelier de couture et propagé au bâtiment du *band* 7 dans lequel il n'y avait ni politiques ni binationaux. Mais, dans ce brouhaha et ce trop-plein d'informations invérifiables où les mobilisations ont d'autres objectifs que ceux qu'on leur attribue, nous n'avons jamais pu apprendre rien de certain sur l'origine de l'incendie, le nombre de victimes, l'identité des personnes éventuellement impliquées, ni d'ailleurs sur une enquête ultérieure, susceptible d'éclaircir les faits. L'intérêt des réseaux sociaux est de faire du bruit en confondant raison (ou ordre) privée et raison (ou ordre) publique ; l'intérêt de l'État est d'étouffer ce bruit en confondant sa propre sécurité avec celle de l'individu dans sa sphère privée et intime.

Enfin, me voici dans le quartier des femmes

En ce mois de décembre 2019, j'étais toujours au *band-e* 2Alef, le quartier tenu par les gardiens de la révolution, à quelques jours de la célébration de la nouvelle année 2020. Sepideh était partie depuis deux mois, et Niloufar l'avait suivie le mois suivant. Je partageais ma cellule avec une activiste étudiante. Elle disait avoir été arrêtée pour avoir soutenu les droits des étudiants, à commencer par un juste prix des tickets-restaurant. Elle était jeune et très brillante. Son militantisme l'avait condamnée à l'université. Elle ne pouvait pas postuler pour un doctorat alors même qu'elle avait réussi les examens de passage. Elle était fière de son autonomie, car elle vivait seule, hors de l'emprise de sa famille, dès l'âge de 18 ans. Et elle avait raison de l'être, car, en Iran, je ne connaissais pas d'autre cas que le sien. Elle n'aimait pas qu'on lui pose de questions. Elle ne s'intéressait guère à ma présence ou à mon parcours. Ce n'était pas sa première arrestation. Elle semblait connaître les rouages du système pénitentiaire. Elle attendait sa caution nécessaire à sa mise en liberté provisoire d'ici à son jugement et à son éventuelle condamnation, caution qui tardait à venir.

Je ne savais toujours pas si, à l'extérieur, on parlait de moi et de Roland, si on se mobilisait pour nous défendre. J'étais coupée du monde. J'allais commencer ma grève de la faim avec Kylie Moore-Gilbert dans le but de rétablir l'honneur des universitaires accusés d'espionnage ou d'atteinte à la sécurité nationale et de revendiquer l'autonomie de la recherche scientifique, mon métier, auquel je tenais et à travers lequel je voyais une possible réintégration dans la vie normale. Deux jours avant notre grève, Kylie m'avait envoyé des mets succulents, notamment une belle salade de fruits à l'européenne. Ce fut fameux, mais je ne puis vous dire comment ce genre de colis parvient à bon port malgré les règles de la prison ! Sachez tout de même que les Trois Bouquets, mes trois voisines qui avaient subi deux ans de mise en isolement – dont environ un ensemble – avaient la possibilité de commander en toute légalité la nourriture qu'elles voulaient, pourvu que celle-ci n'ait pas à être cuisinée. Elles m'en faisaient généreusement profiter. J'ignore si Kylie, de son côté, put bénéficier de cette tradition carcérale après le départ de ses deux codétenues, Niloufar Bayani et Sepideh Kashani.

Kylie et moi-même commençons notre grève de la faim le 24 décembre 2019. Kylie a décidé de la faire « sèche », sans manger ni boire, ce qui la condamne à mort à très brève échéance. Tel est souvent le choix des prisonniers, dans l'espoir d'obtenir le résultat escompté le plus rapidement possible et de mieux mobiliser l'opinion publique en faveur de leur cause. Tout est calcul en prison ! Quarante-huit heures plus tard, Kylie est emmenée à la clinique. Dans le couloir elle me crie de rompre ma grève de la faim : « Nous avons atteint les gens qu'on voulait ! » Ma codétenue, l'étudiante taciturne, me fait comprendre qu'une grève de la faim de deux jours n'aura aucun effet. Elle semble bien s'y connaître. Il faut des hospitalisations, des ambulances, bref faire du bruit si l'on veut avoir gain de cause. Continuant quant à moi à boire de l'eau, je poursuis seule ma grève de la faim. Privée de la présence de Kylie, Sepideh et Niloufar, un peu orpheline, je m'enfonce dans mes lectures, désormais avec des ouvrages étrangers qui m'emportent un peu vers mes amis. C'est ainsi que j'ai lu en anglais les mémoires de Mandela que ma grande sœur m'avait fait parvenir et que j'ai partagés avec Kylie. Laquelle m'a envoyé un mot quelques jours plus tard : « Comparée à son histoire, la nôtre, à Evin, c'est un séjour au Club Med ! » Qu'est-ce qu'elle m'a fait rire, ce jour-là ! J'ai toujours été très impressionnée par l'énergie de Kylie, celle notamment qu'elle déployait pour apprendre le persan. Elle n'a pas tenu rigueur aux Iraniens de sa mésaventure, elle a su faire la part des choses entre son expérience personnelle et les aléas politiques – ce qui n'est pas donné à tout le monde. Chapeau bas, Kylie *joon*, chapeau bas !

Au dixième jour de ma grève de la faim, alors que je suis à nouveau seule dans ma cellule, la porte s'ouvre soudain : « Rangez vos affaires, on va vous transférer. » On me donne des sacs en plastique : « Mettez tout dedans. » La prison d'Evin est à elle seule un vrai danger pour l'environnement. Nous y vivons presque en sacs de plastique ! D'autres me sont apportés, contenant les affaires qui m'avaient été confisquées lors de mon arrivée à Evin le 6 juin, je dis bien le 6 juin et non le 5, comme l'assure la date officielle sur les documents administratifs.

En effet, le jour de mon arrestation à l'aéroport, le 5 juin, j'ai été enfermée dans un autre local que je ne peux localiser puisque j'avais les yeux bandés lorsque j'y fus conduite puis transférée à Evin. Je sais seulement que la pièce, tout en longueur, d'environ 1 mètre sur 3, dans laquelle j'ai dormi, était mitoyenne des toilettes. La femme qui m'y mena me conseilla gentiment de me coucher sur les couvertures, car le sol était froid. Je me souviens aussi de la séance de photos, le lendemain, avant mon transfert à Evin, au 2Alef, le lieu de ma détention provisoire. Je devais tenir sur ma poitrine un carton d'immatriculation à plusieurs chiffres. Un vieux monsieur, un peu voûté, qui avait l'air de traîner sur les lieux et n'était pas en costume de travail mais plutôt en pantoufles, comme chez lui – je ne sais pourquoi, cela m'a fait penser à une image de maison close, dans certains films ! – ne cessait de me présenter ses excuses ou plutôt ses regrets tandis qu'il ajustait mon numéro d'immatriculation pour qu'il soit bien cadré sur la photo. Il espérait que celle-ci n'allait pas servir *in fine* et qu'elle serait vite jetée à la poubelle lorsque serait annoncée ma libération. Ses phrases de compassion me dérangeaient beaucoup, au point de m'angoisser. Comme si une photo et une immatriculation pouvaient en soi changer ma vie ! J'ai mis du temps à comprendre qu'il avait bien raison...

Je me souviens aussi que deux femmes et un homme m'ont ensuite accompagnée chez le procureur qui allait m'annoncer la nécessité de ma détention pour quelques jours. J'ai attendu dans la salle de prière du personnel, une pièce très ensoleillée. J'ai piqué du nez, et l'une des femmes qui m'escortaient m'a apporté un coussin pour y déposer ma tête qui ne tenait plus droit, en attendant l'appel du procureur ou de son représentant. Je n'ai aucune idée du temps qui s'est ainsi écoulé. Quand j'ai été appelée, je me suis réveillée comme d'une longue nuit, dans la brume. J'étais ailleurs, ni effrayée ni inquiète, ni dedans ni dehors, sans attente aucune de la part de qui que ce soit – dans une espèce de no man's land dont je continue parfois à vouloir recueillir la moindre donnée qui pourrait me permettre de saisir le sens du monde dans lequel je me trouvais. Le jeune homme qui m'escortait avec les deux femmes était très attentionné à mon égard. Debout dans le bureau du procureur, attendant mon tour, il m'a donné une chaise, puis il m'a demandé si j'allais bien, puis il m'a apporté de l'eau en me demandant de la boire : « Cela vous fera du bien. » Je me souviens aussi de n'avoir pas su écrire de ma propre main, ce que le procureur voulait que je fasse. Je me suis contentée de dire que je signerais ce qu'il voulait, ce que j'ai fait sans même prendre la peine de lire le document, ni même de l'écouter quand il me le lisait. Je lui ai dit tout simplement que j'étais d'accord.

J'avais sommeil et je voulais en finir pour aller me reposer, fût-ce en prison. « Ce que j'aime dans la vie, c'est dormir », dit le Petit Prince. Et enfin, je me souviens du temps magnifique, ensoleillé, qui me ramenait loin dans ma jeunesse. Le soleil de ce quartier d'Evin, lieu de mes promenades adolescentes, quartier résidentiel habité par des gens riches, est un soleil d'une nature particulière, au dernier mois du printemps.

En ce début de janvier 2020, on vient donc me demander de mettre mes propres habits, pour la deuxième fois depuis mon arrestation. La première fois, c'était quatre jours après celle-ci. On m'avait amenée chez moi – en fait, l'appartement où vivait ma mère, avant sa mort. Deux hommes attendaient devant l'immeuble. Cinq personnes m'accompagnent, dont la femme de l'aéroport, pour perquisitionner mon logement. Tout est inspecté et confisqué : ordinateur, téléphone portable, iPad, enregistreur, disque dur, clefs USB, passeports iranien et français, livret de famille, cartes de visite, livres, clefs, etc. Ce jour-là ils passent partout, y compris dans les appareils de climatisation sur le toit. C'est long, une perquisition. Ils commandent un repas – du *jugeh kebab* – et ils m'en proposent. Je leur dis que j'ai déjà mangé. La dame se met à l'écart dans une chambre, les hommes s'installent dans le salon. Je vais m'asseoir avec la dame, je n'ai pas le droit de m'écarter d'eux. Elle ne mange pas son plat, elle n'en prend que quelques cuillerées, puis elle emballe soigneusement les restes : « Je le mangerai ce soir, avec ma famille », explique-t-elle. Après le repas, ils continuent la fouille dans les bibliothèques, les armoires, les coins et les recoins de la cuisine, derrière la télé, dans tous les tiroirs. Ils mettent tout dans ma propre valise, celle avec laquelle je suis arrivée. Ils me tendent une feuille à signer : la liste des objets confisqués, car bien sûr ils ne confisquent que dans le respect de la légalité et tout me sera restitué si je suis acquittée. La valise est pleine et se ferme difficilement. Avant de franchir la porte, ils discutent entre eux sans que je les entende. Ils reviennent sur leurs pas et s'emparent de la dizaine de carnets de notes qui sont sur mon bureau. Il s'agit de mes notes de terrain en Afghanistan, pour une recherche sur laquelle je travaillais depuis un an et demi et que j'étais en train de finir. « Cela ne concerne pas l'Iran », leur dis-je, presque en les suppliant. « On vous les rendra si… » Je ne les ai toujours pas retrouvés.

La garde m'annonce mon transfert dans le quartier des femmes, dit *band-e nesvan* (le mot *band* renvoie au barrage, par exemple pour les barrages d'eau, et *nesvan*, en arabe, signifie femmes). Quelque temps avant ma grâce, le terme a été iranisé sous la pression des détenues qui se sentaient offusquées de l'usage de la langue arabe. Même en prison, les femmes gardent leur autonomie de pensée et s'attachent aux détails. On dit désormais *band-e zanan*.

Mes affaires se résumaient à quelques sachets de plastique comprenant des tisanes, du curry dont on m'avait dit grand bien pour mon système digestif. Je demande à une garde, en catimini, la possibilité de dire adieu à

Kylie. Elle me le refuse tandis qu'une autre vient me conduire à l'étage inférieur, côté administration, et non vers le côté où Roland était gardé dans le bâtiment que j'étais en train de quitter. Après avoir découvert qu'il y était détenu, je lui parlais souvent en français quand j'étais dans la cour, séparée par un mur du couloir qu'il empruntait pour aller aux interrogatoires. Dès que j'entendais la porte claquer, je parlais en français, bien que nombre de détenues aient eu l'habitude d'utiliser ce passage. Cela ne me décourageait pas. Et un jour il m'a répondu. Evin est aussi un univers magique ! Ce fut la dernière fois que je l'entendis, avant qu'il ne soit échangé.

Au bureau de l'administration de l'unité 2Alef, on fait encore tourner la caméra en me demandant si j'ai été bien traitée. Je les rassure, et je signe, ainsi que d'autres papiers dont je n'ai aucun souvenir. Une voiture me conduit vers la dernière maison, en haut de la colline. On sonne à l'interphone de la porte, une porte ordinaire, comme si on allait rendre visite à la famille. La porte s'ouvre sur un rideau vert, bien épais, en plastique, derrière lequel se trouve une petite cour, avec une rangée de plantations sur la gauche, une fenêtre en face, et deux portes sur la droite. La première, qui communique avec le premier étage, est condamnée. La seconde mène au bureau du personnel où l'on accède en passant devant la cellule de quarantaine, toujours au rez-de-chaussée. J'ai de la chance, mais je ne le comprendrai que plus tard : la garde de service est Mme Berenji, très patiente avec les détenues, gentille sans jamais être intime, distinguée et professionnelle – elle le restera jusqu'au bout, en dépit de l'impatience, voire de la condescendance ou de la violence verbale de certaines détenues. Une prisonnière moudjahidine, mère de deux enfants, incarcérée depuis dix ans, ne manquait jamais de demander l'installation d'un ascenseur dans le quartier des femmes : « Il nous servira à nous aujourd'hui, madame Berenji, mais à vous aussi, quand nous aurons pris le pouvoir et que vous serez à notre place ! »

Sacrées codétenues !

À mon arrivée dans le quartier des femmes, en ce mois de janvier 2020, Sepideh s'est immédiatement occupée de moi, comme elle sait le faire, d'une main de maître. Nasrin Sotoudeh est également venue me saluer très chaleureusement. J'apprends de la bouche de Mme Berenji, la cheffe des gardiennes, qu'il y a une représentante des détenues (*vakil band*) qui fait le lien avec l'administration carcérale et s'occupe de la gestion de notre lieu de cohabitation forcée et qui, donc, va m'expliquer la réglementation intérieure qu'il convient de ne pas prendre à la légère. Une réglementation que je découvre, au fil des jours et de mes allées et venues, écrite sur des papiers de format divers, avec des feutres de couleur, ma foi souvent décolorés, et affichés un peu partout dans les lieux de passage et d'usage, tels que la bibliothèque, la cuisine, les sanitaires, la salle de gym. Une réglementation qui sera toujours l'objet de nos réunions et de nos concertations sans fin, parce que, comme toute réglementation destinée à réguler la cohabitation des personnes concernées, elle n'est pas toujours respectée. Elle suscite de nombreux désaccords et devient un motif de conflits. L'une des fonctions de la représentante, élue pour un trimestre, est d'arbitrer ceux-ci. Lors de mon arrivée, c'était Nasrin Sotoudeh qui avait cette responsabilité après avoir été élue, un peu auparavant, contre Nargues Mohammadi, activiste, prix Nobel de la paix en 2024. Avocate (*vakil*) de profession, elle ne comptait jamais son temps pour rendre service à ses codétenues, les conseillant, écrivant pour elles des lettres. Lorsque je cesserai ma grève de la faim, c'est elle qui m'apportera au réveil, avec une grande délicatesse, mon premier plat, un *fereni* succulent dont je ne suis pas près d'oublier la saveur.

Une fois achevées les formalités administratives, ayant reçu mon petit sac composé d'un dentifrice Pooneh, d'une brosse à dents verte, d'un peigne en plastique bleu, de pantoufles elles aussi en plastique bleu, d'une trop petite serviette brune et d'un slip fleuri, je suis prête à suivre Sepideh pour monter à l'étage. On me demande si j'ai besoin de serviettes hygiéniques. Je réponds que pour moi ce sera bientôt *Easy Life* ! Petit sourire de Mme Berenji, et un éclat de rire de Sepideh. Nous nous mettons en route. On longe un couloir de 10 mètres de long et de 1,80 mètre de large, et on passe devant le dortoir des gardes. Nous tournons à droite avant que le couloir ne continue vers la salle de gym et la cour. Il me faut quitter mes chaussures et enfiler mes pantoufles bleues, celles que je viens de recevoir, les mêmes que nous savons mettre et retirer les yeux fermés et dont Roland avait tant de mal à venir à bout. J'obéis à l'ordre de Sepideh et soigneusement je place mes chaussures sur l'étagère conçue à cet effet avant de monter les escaliers. Je ne les reprendrai qu'occasionnellement quand je quitterai le quartier des femmes pour aller au parloir rencontrer mon avocat, pour me rendre à la clinique de la prison ou chez le dentiste à l'extérieur de celle-ci, pour la visite hebdomadaire de ma famille, ou encore pour répondre aux convocations de l'administration pénitentiaire et judiciaire.

Sepideh est déjà dans ses pantoufles, mais elle, elle en a de belles, pas de banales pantoufles en plastique : des Birkenstock ! Oui, Evin est aussi ce lieu de distinction où l'on affiche ses modes de consommation. L'une de mes amies a attendu quelques mois et s'est retenue de commander une autre paire de chaussons adaptée à ses problèmes de dos pour ne porter que ses propres Birkenstock originales que sa fille lui envoyait en passant sous les fourches caudines de services d'inspection en tout genre.

Devant les escaliers, je vois écrits sur ma droite : « Épicerie » (*foroushgah*), et un tableau sur lequel sont indiqués les prix de certains des aliments qu'on y trouve. Sepideh, me voyant regarder, me dit tout de suite que l'épicerie n'ouvre que demain, qu'il est déjà tard, qu'elle ferme à 16 heures. Nous montons les marches, et une fois à l'étage il faudra encore enfiler d'autres pantoufles pour entrer dans l'unité d'habitation. On fait à l'iranienne : l'espace d'habitation est sacré et on ne le souille pas avec des chaussures de l'extérieur. Mais je n'en ai pas d'autres.

C'est Sepideh qui m'en donne une nouvelle paire, en me demandant de laisser les miennes sur l'étagère disposée à l'entrée de la salle, en me conseillant d'y écrire plus tard mon nom ou mes initiales afin de ne pas les confondre avec celles des autres. Les pantoufles, c'est une obsession des prisonnières. On en trouve encore à l'entrée des sanitaires : les unes mises à la disposition de tout un chacun, les autres personnalisées par un nom ou des initiales. Une manie des détenues, que je découvrirai en arrivant, consiste à partager le moins possible, fût-ce avec ses amies : ni les chaussons ni la pince à épiler ou le coupe-ongles. On lave et désinfecte tout objet de ce genre.

Nous sommes enfin prêtes à franchir la porte à demi vitrée sur la gauche. Derrière les rangements réservés aux pantoufles se trouve l'espace de prière. Trois rangées de livres religieux sont disposées sur une étagère accrochée au mur. On y trouve le Coran, le *Mafitih* (un recueil de prières réservé aux chiites), le *Sahifeh* (le livre de méditation et de morale, sous forme de prières, du Sixième Imam), le *Nahjol Balagheh* (un recueil composé de lettres, de discours et de prêches de l'Imam Ali). En tant que responsable de la bibliothèque pendant un moment, j'y ai trouvé un jour, enfoui au milieu des autres ouvrages, deux petits livres destinés aux croyantes bahaïes. On m'a dit qu'on pouvait aussi y dénicher la traduction de la Bible, que certaines des converties accaparent pour la lire en cachette dans leur lit.

Sepideh prend en main mon intégration. Une fois entrée dans l'unité, elle me demande de m'asseoir sur une chaise en plastique, disposée devant deux tables en plastique elles aussi, toutes blanches. Et d'ajouter : « Ne bouge pas d'ici, je te ferai signe. » Cela a duré longtemps, presque deux heures – un laps de temps inhabituel. Normalement la représentante des détenues rencontre la nouvelle venue et lui présente le lit qui lui revient en fonction d'une réglementation écrite et d'une répartition par salle fixée à l'avance, sur une sorte de livret faisant état de la constitution du lieu, produit à l'issue de longues discussions et de consultations sur plusieurs années. Un livret que les représentantes élues de l'unité se passent les unes aux autres. La représentante en fonction donne également des couvertures : soit de très belles, convoitées par toutes, que l'on trouve sur le marché iranien, laissées par les anciennes occupantes ; soit, si on est nombreuses et qu'on en manque, des couvertures qu'on qualifie de « militaires », noires ou grises, mises à disposition par l'administration carcérale et qui nous arrivent sous plastique, après avoir été nettoyées. On peut aussi obtenir un oreiller, s'il y en a, ce qui n'est pas toujours évident, et des draps de dépannage, en attendant que la détenue se charge, une fois installée, de ses propres affaires en sollicitant l'aide de sa famille par le biais des colis qui sont autorisés une fois par mois, ou en commandant directement à la personne en charge de l'épicerie. On lui donne également une assiette, une cuillère et un verre, dans la mesure du possible.

La représentante peut être assistée dans ses démarches et ses autres charges par les membres de son conseil de gestion. Celui-ci est composé des déléguées des trois salles, une par salle, et de la représentante du trimestre précédent qui assure la continuité et partage son expérience, soit au total cinq personnes.

Toutefois, pour moi, ce n'est pas comme cela que les choses se sont déroulées. Sans rien savoir de l'organisation interne du quartier des femmes ni du conflit qui avait éclaté dans ses coulisses, au moment même de mon arrivée, j'attendais dans la deuxième salle, sans m'ennuyer pour autant. À première vue, on ne voyait que des rideaux se succéder. Des rideaux de toutes les couleurs, mais un peu tristes, grâce auxquels les détenues cherchent à se cacher du regard d'autrui et aussi et surtout des caméras de surveillance, afin de protéger un tant soit peu leur intimité en dépit de la promiscuité carcérale. Pour les confectionner, il y a toujours une experte. Un savoir-faire qui se transmet et qu'on détient. Il faut beaucoup de fil, mais pas n'importe lequel, et il faut aussi savoir crocheter ces fils auxquels on accroche les rideaux. Quand j'ai eu droit à un premier étage de lits superposés, beaucoup plus tard, c'est Nasrin Sotoudeh qui les a crochetés pour moi.

L'aménagement était similaire d'une salle à l'autre. Des lits superposés à deux étages, tout autour de la salle, dissimulés par des rideaux de toutes les couleurs et de tous motifs, et des chaises et des tables suivant sa taille et donc le nombre de détenues, en son centre : seize personnes dans la salle 1, quatorze dans la salle 2, et douze plus le lit de secours pour les personnes à mobilité réduite dans la salle 3. Les lits du second étage, auxquels on avait accès par une échelle métallique, étaient eux aussi entourés de rideaux, mais on pouvait facilement voir leurs occupantes, notamment quand elles étaient assises.

Après sept mois passés au secret dans le quartier des gardiens de la révolution, j'ai été impressionnée par les fenêtres dégagées au bord desquelles il y avait diverses plantes, en bonne santé. Il me fallut attendre le lendemain pour apprécier la vue donnant sur des collines, et deviner le mirador d'un vigile, un peu plus haut.

Pendant que j'attendais, assise, le défilé ininterrompu des détenues – trente-neuf, je pense, pour quarante lits, plus le lit de secours – retenait mon attention et m'occupait bien l'esprit. Je me souviens que, quand Faezeh Hachemi nous a rejointes, quelques mois plus tard, en habituée des lieux, elle est passée devant nous en nous saluant, chacune d'entre nous. Quant à moi, j'étais perdue. N'ayant jamais été emprisonnée, j'ignorais les règles d'Evin et mon imagination ne m'était d'aucun secours. J'ai obéi à l'ordre de mon premier – et dernier – amour de prison, Sepideh, et n'ai pas bougé de ma chaise.

Pendant ce temps, et toutes à leurs affaires, les prisonnières passaient. Les unes me saluaient avec un sourire, en se présentant. Les autres se bornaient à une brève salutation, sans s'arrêter. D'autres encore s'asseyaient à mes côtés en me demandant si je poursuivais ou non ma grève de la faim, maintenant que je n'étais plus à l'isolement. Je voyais que certaines avaient entendu parler de moi et que la nouvelle de mon arrestation avait circulé, chose qu'on ne m'avait jamais dite lorsque j'étais dans le quartier des gardiens de la révolution, malgré l'arrivée régulière de nouvelles détenues, certaines activistes. J'ai ainsi entendu des noms que j'ai hélas vite oubliés, sachant que j'avais du temps devant moi, mais aussi les affiliations de mes futures voisines que je n'allais pas oublier, elles, et pour cause ! J'avais si souvent entendu parler des détenues à Evin, et travaillant sur l'Iran, je ne pouvais pas ignorer les groupes politiques ou autres qui y étaient représentés : Moudjahidines du peuple, bahaïs, royalistes, derviches, le groupe des quatorze femmes, les Kurdes, les journalistes, les gauchistes, les réformistes et les acteurs du Mouvement vert de 2009, les activistes de tous bords telles que les environnementalistes, les défenseuses des droits de la classe ouvrière ou des étudiants ou encore des enfants des rues ou afghans, les militantes de la liberté vestimentaire, sans oublier bien sûr les célébrités de la prison, comme Nazanin Zaghari-Ratcliffe… Le plus surprenant pour moi, et que j'ai découvert avec le temps, était la proportion de ces groupes condamnés à vivre ensemble. Les plus nombreuses étaient les royalistes, peu enclines à suivre les normes de la cohabitation forcée, suivies par les gauchistes et autres lectrices du *Capital*, souvent des universitaires ma foi fort élitistes et ne s'abaissant pas à expliquer à leurs codétenues les raisons de leur arrestation. Assise, je les regardais, je les écoutais, je répondais à leurs questions, et je savais déjà que j'avais affaire à des femmes fortes, de sacrés caractères. La cohabitation n'aurait rien de facile. Mais je savais aussi que j'avais beaucoup de chance d'être au milieu d'elles et avec elles.

Mon bracelet électronique, et mes 300 mètres de liberté à vol d'oiseau

On est au mois d'octobre 2020. Je suis à nouveau à l'isolement, cette fois-ci non pas dans les locaux des gardiens de la révolution, 2Alef, mais dans ceux du ministère du Renseignement, *band-e* 209. Cela fait trois semaines que je suis dans l'incertitude la plus complète, depuis qu'un jeudi après-midi j'ai dû quitter le quartier des femmes alors que, dans la salle de gym, je me concentrais sur mes collages. Trois semaines au cours desquelles j'ai eu de la peine à retenir mes larmes et mes cris, alors que je les avais évités jusque-là, par orgueil – on ne pleure pas devant l'insouciance des jeunes –, par pudeur – une femme ne pleure pas devant les hommes – et surtout par stratégie, pour éviter à ma famille et mes amis des angoisses inutiles. Il n'empêche que, dix-sept mois après mon arrestation, ma capacité de résistance touchait ses limites et le lieu dans lequel je me trouvais avait ses énigmes et ses mystères qui en faisaient un refuge peu accueillant. Trois semaines durant lesquelles je me suis trouvée détestable parce que sans goût ni aucune attention à l'égard de mon entourage, introvertie, les nerfs à fleur de peau. Une période où j'ai juste fait la triste connaissance d'une femme de 40 ans à qui la conversion au christianisme offrait une fenêtre d'ouverture à la fois à de nouvelles fonctions, à des responsabilités religieuses et à des voyages à l'étranger, car les réunions auxquelles elle devait assister se tenaient en Turquie. Une période durant laquelle je n'ai pas chanté, pas une seule fois, dans ma cellule pour ainsi dire sans fenêtre – l'ouverture qui en tenait lieu était mal placée et condamnée par une plaque métallique. À force de cris et de protestations j'ai obtenu que des ouvriers d'Evin – les *raikâr*, eux-mêmes prisonniers de droit commun, qu'on voit partout en hommes à tout faire et qui ont obtenu du tribunal le droit de travailler pendant la durée de leur peine (toutefois ils doivent rester en prison pour continuer à gagner de l'argent et à l'envoyer à leur famille dont la survie en dépend) – interviennent pour essayer d'améliorer les choses, mais sans guère d'effets sur l'arrivée d'un minimum de lumière et la morosité du lieu.

Soudain on vient enfin de me dire de m'habiller. Ce n'est pas comme d'habitude, pour aller chez le médecin ou au tribunal ou encore dans les bureaux de l'administration pénitentiaire. On m'apporte toutes mes affaires. Des sachets et des sachets, surtout des noirs ! Mon sac à main et mes effets personnels, du moins une partie d'entre eux, acheminés du quartier des femmes, emballés par les bons soins de Niloufar et de Sepideh, notamment mes collages. On me tend des feuilles à signer. J'obéis. Et enfin on me conduit vers l'extérieur. En quelques minutes, me voici devant la porte du *band-e* 209, sous le ciel bleu, non loin de la clinique. Habituée des lieux, j'ai désormais des réflexes appropriés et je regarde autour de moi pour voir s'il y a des codétenues au hasard de leur convocation ou d'urgences médicales. Quand on est en prison, on aimerait toujours savoir qui est encore là, qui a été libéré... Mais je ne vois personne, un peu déçue parce que j'avais envie de communiquer la nouvelle me concernant. Je partais sans savoir où. Or seules les codétenues peuvent diffuser l'information, et elles ont le droit de savoir, car les expériences des unes servent aux autres. J'avais compris qu'après mon départ impromptu, et sans autre information sur mon sort, beaucoup refuseraient de sortir du quartier des femmes, même pour se rendre à la clinique, de peur de ne plus revenir. Après tout, nous étions conscientes du confort relatif dont nous bénéficiions et dont nous savions qu'il était sans équivalent ailleurs.

Mais je n'ai pas le temps d'attendre. On me demande de monter dans une voiture blanche, un beau véhicule, bien propre. Sans garde, ni bandeau sur les yeux, ni menottes *made in England,* ni surveillante... Personne d'autre que moi-même et le chauffeur. Cela était impensable, car pour sortir de la prison, il fallait au moins un soldat, sinon deux, et une garde femme, outre le chauffeur. La voiture démarre et elle s'oriente bien vers les bureaux de l'administration, situés avant la sortie du complexe d'Evin. Mais elle tourne sur la gauche pour aller vers les locaux des gardiens de la révolution, lieu de ma détention provisoire, à mon arrivée à Evin, pendant huit mois : le 2Alef. La voiture s'arrête au milieu du chemin, avant la porte d'entrée. Sur la droite des bureaux, et devant nous, sous les arbres, M. Jamali, le fonctionnaire du ministère du Renseignement que je voyais souvent durant mes trois semaines de détention au secret dans le *band-e* 209. Il s'approche de la voiture, ouvre ma portière et me dit, avant même que je ne sorte, qu' « ils », « nos amis » – expression habituelle pour désigner les gardiens de la révolution – veulent me parler avant que je quitte Evin. Il m'avertit : « Ils en ont le droit, mais sachez qu'ils ne peuvent rien contre vous, contre votre sortie. La décision a été prise par le ministère du Renseignement entre les mains duquel se trouve désormais votre sort, depuis votre condamnation. Mais ils ont le droit de vous parler. Allez-y, je vous attends ici. » Il me montre la porte qui mène à un bureau où je reconnais mon principal interrogateur, M. Hosseini. Il y a aussi l'adjoint du procureur, M. Vaziri, et une troisième personne que je ne connais que de vue. On me demande de m'asseoir. Nous sommes en cercle, et non comme pour un interrogatoire, face à face. Nous allons passer trois heures, oui pour de vrai ! car ma famille m'a souvent répété que « l'attente, trop longue, était insupportable avant qu'on puisse te voir, le jour de ta sortie ». Néanmoins, chose curieuse, je ne me souviens de rien, ou plutôt de rien de nouveau par rapport à ce que j'avais l'habitude d'entendre. Je ne me souviens fort bien que d'une chose, une sorte de consigne plutôt qu'une vraie menace, comme pour dire que nous n'en avons pas fini avec vous : « Nous vous rappellerons et nous nous verrons pendant votre séjour à l'extérieur, comme à Evin, nous vous demanderons de venir ici, ou dans un autre bureau à Téhéran. » C'est la première chose dont je fais part à M. Jamali lorsque je le rejoins, comme s'il était devenu mon protecteur contre ceux qui m'ont arrêtée en 2019 : « Ils n'ont aucun droit, et vous pouvez tout refuser. » Je rentre dans la même voiture qui était venue me chercher, cette fois-ci avec M. Jamali qui s'est assis à l'avant. Nous nous dirigeons vers la porte d'Evin, et soudain je vois ma famille à l'intérieur du complexe pénitentiaire, dans cet espace interdit à tous sauf le personnel, les médecins et les détenus ! Ils sont trop bien habillés et trop contents pour que ça laisse présager de mauvaises nouvelles. M. Jamali sort en premier et m'ouvre la porte. « C'est fini », dit ma sœur. Fini ! On me confie à ma famille et on nous demande de suivre la voiture du ministère, avec M. Jamali, qu'accompagne un second véhicule. On sort d'Evin pour retrouver la voiture de ma sœur et suivre celle du ministère du Renseignement. Très curieux ! Je ne suis pas libre, mais je suis dans la voiture de ma sœur et de son mari, seule, sans menottes, sans bandeau sur les yeux ni garde. On suit donc la voiture du ministère pour se rendre dans un autre tribunal, situé au nord-ouest, le complexe judiciaire Shahid Mofatteh, à Shahr-e ziba. Tout semble être bien organisé et sous contrôle.

On arrive à destination au bout d'environ quinze minutes. On se gare et on va retrouver le personnel du ministère devant le complexe judiciaire. Ma famille reste en bas, à l'extérieur. On me demande de suivre les autorités d'Evin et on entre dans le bâtiment pour monter au second étage. Il n'y a personne. Les bureaux sont fermés. On tourne et on tourne, on pose des questions aux personnes encore présentes dans le bâtiment, apparemment de simples gardes qui ne savent pas grand-chose du lieu. On ne sait quoi faire. On tourne encore et on finit par redescendre. À la sortie, je retrouve ma sœur dont le mari est en discussion avec le personnel du ministère. C'est moi la prisonnière, pourquoi est-ce à lui qu'on parle ?! Je suis presque vexée ! C'est une pure manifestation de la tutelle légale des hommes sur les femmes. Mais il n'est ni mon mari ni mon père ! Au bout d'un moment, il revient vers nous pour dire qu'il faut retourner à la prison… Le nec plus ultra de l'organisation, ce sont les Iraniens, tous ministères confondus. Je dois regagner Evin, mais seulement pour une nuit, on me rassure. J'ai alors compris qu'on devait me mettre le trop fameux bracelet électronique sitôt qu'on trouverait la bonne porte. Les nombreux appels téléphoniques passés pour débloquer la situation n'ont pas abouti, car l'administration, fût-elle pénitentiaire ou judiciaire, a fini sa journée de travail. Il était urgent d'attendre, selon la devise favorite de Jean-François Bayart. Contrairement à ce que prétend la propagande, selon laquelle il n'y a pas d'heure pour rendre la justice ou pour passer les menottes aux coupables en Iran, il faut bien admettre qu'il y a un temps pour tout. En l'occurrence, la journée de travail avait touché à sa fin et la justice était au repos. Nous retournons donc à Evin en m'assurant que nous repartirons le lendemain matin très tôt. Je réintègre la même cellule en remettant tous mes habits et autres affaires dans les sacs plastiques, sans que ma réincarcération soit enregistrée en bonne et due forme. Telle une intruse, je suis restée une nuit sans figurer dans les registres... Ce soir-là je me suis très vite endormie.

Le lendemain, je suis prête après le petit déjeuner et la même voiture revient me chercher. Ma sœur et son mari nous rejoignent directement à l'adresse indiquée par le ministère. Ce n'est pas le même bâtiment que la veille. Celui-ci est situé juste derrière le complexe judiciaire dans lequel nous étions. Sans doute une annexe. Nous apprenons que nous y étions bel et bien attendus, mais que nous nous étions tout simplement trompés de bâtiment. Splendide, la justice iranienne ! Nous entrons dans une cour verdoyante, aux allées fleuries, au fond de laquelle se trouvent deux bureaux. La première chose que j'entends dire par le personnel du lieu, c'est que ces bureaux n'appartiennent pas à l'administration pénitentiaire. Il est curieux que personne ne souhaite assumer sa fonction au sein de l'institution juridico-pénitentiaire, avec ses multiples branches. Ils sont tous un peu agents malgré eux ! Nous sommes dans les locaux d'une société privée, spécialisée dans la gestion des bracelets électroniques. Wouah ! Cherchons la guilde afférente, pensé-je dans mon coin, par réflexe professionnel de chercheuse. Quelques ordinateurs dans un bureau chichement meublé, et trois ou quatre personnes qui mettent aux détenus leur bracelet électronique, exclusivement des hommes. Il n'y a pas foule, à cette heure matinale. Nazanin Zaghari-Ratcliffe, l'Irano-Britannique, une journaliste arrêtée, elle aussi, à l'aéroport, est la première femme prisonnière politique qui y a eu droit. Je suis la deuxième. La troisième, en 2023, sera également une Iranienne ayant une double nationalité : une Irano-Allemande. Nulle autre détenue politico-sécuritaire, du moins à ma connaissance, et pour la durée de mon séjour à Evin, n'a pu profiter de cette procédure. La raison en est simple : selon la réglementation, seuls les condamnés pour des délits financiers pouvaient en bénéficier afin de continuer à travailler pour rembourser leurs dettes et mettre en ordre leurs affaires sonnantes et trébuchantes. Les détenus politico-sécuritaires n'entraient pas dans cette catégorie, encore moins les femmes. Mais celles d'entre elles qui avaient la double citoyenneté étaient difficiles à classer et ont pu faire l'objet d'une dérogation implicite, sans doute à la faveur des négociations diplomatiques avec le pays dont elles étaient ressortissantes.

Ce petit bureau que je découvre en octobre 2020, et dans lequel je vais régulièrement revenir pour changer ou faire réparer mon bracelet électronique, se transforme très vite au fil des mois. Il s'agrandit, il se déplace tout en restant dans la même emprise, et il connaît désormais des files d'attente. Un jour j'y ai rencontré un bel homme, fort distingué. Nos regards se sont croisés sans que je devine qu'un même destin nous liait. Je me suis permis de lui demander ce qui l'amenait dans ce bureau. Et lui de me répondre qu'il venait réclamer un congé pour cette période de Moharram. « Quoi ! Vous êtes vous-même prisonnier ? – Oui, mais *mâli* (financier), dit-il précipitamment. Pendant Moharram (le mois de deuil consacré notamment à l'imam Hossein), on a le droit de sortir de Téhéran. Je vais en profiter pour arranger mes affaires. – Téhéran ne vous suffit pas pour cela ? – Non, car beaucoup de gens me doivent de l'argent et ils sont éparpillés dans tout l'Iran, ou plus exactement ils essaient de me fuir. Cela me permet d'aller à leur recherche en dehors de Téhéran. » Si l'imam Hossein n'existait pas... Ainsi, lui était venu dans ce bureau non pas pour changer son bracelet, mais pour qu'on le lui ôte pendant un mois. On pourrait presque écrire un livre sur le paradis des détenus financiers à Evin et sur les autres discriminations qui y règnent, par exemple entre hommes et femmes, entre Téhéranais et provinciaux, entre prisonniers politiques et prisonniers de droit commun – les prisonniers *mâli* étant une race à part !

La durée de vie d'un bracelet électronique est de deux ou trois mois. Il fallait donc que je passe régulièrement au bureau pour le changer. L'opération est aisée. On coupe le bracelet, on le retire, et on en met un autre. Je l'ai d'ailleurs fait moi-même, un jour, quand le vibreur s'est déclenché sans relâche, presque toutes les minutes, au point de m'empêcher de dormir. Comme il était tard et qu'il n'y avait personne au bureau pour me secourir, j'ai attendu un peu mais me suis résolue à le sectionner avec une paire de ciseaux, ne pouvant trouver le sommeil. Puis j'ai pris une photo et je l'ai envoyée à celle qui, tous les soirs – oui, tous les soirs, ce n'est pas un effet de style – venait me souhaiter bonne nuit, comme pour venir me border au lit. À peine ai-je envoyé la photo que Béatrice m'appelle, effrayée ! « Qu'as-tu fait, Fariba *joon* ? » Je lui explique la situation, elle proteste et conteste ma façon d'agir : « Nous, nous ne voulons plus te voir retourner en prison, tu comprends, nous n'en pouvons plus. » Je vais me coucher sans savoir ce que le jour prochain me réservera comme surprise. Toutefois j'ai également laissé un message sur le répondeur de M. Jamali, lui disant que je passerai au bureau le lendemain matin pour qu'on me pose un nouveau bracelet. Chose que je fis sans autre conséquence, du moins immédiate.

Pour tout vous dire, j'aimais beaucoup aller à ce bureau du bracelet électronique, car je prenais un taxi pour m'y rendre et empruntais les autoroutes urbaines qui me plaisaient. À l'aller je contemplais les montagnes auxquelles je n'avais plus droit. Je rentrais à pied chez moi en marchant jusqu'à l'essoufflement. La distance était de près de 30 kilomètres dont j'arrivais à parcourir plus de la moitié à pied, au retour, et le reste en bus et métro. Je prenais d'abord un bus non loin du bureau, puis le métro à Sadeghieh pour aller au bazar, et là commençait la vraie joie. J'y achetais des denrées un peu rares, telles que de la moutarde de Dijon ou de la moutarde douce alsacienne que mon amie Christine avait l'habitude de mettre dans les bonnes salades qu'elle nous préparait, à sa sœur Germaine et à moi-même, alors que nous habitions ensemble place de la Bourse, à Strasbourg. La crise économique ne prive pas des produits rares ceux qui ont des moyens. Je passais devant le lycée de mes 16 ans en pensant à mes amies d'antan et en me demandant ce qu'elles étaient devenues. Un peu plus loin, j'atteignais les magasins de musique de Baharestan, devant le Parlement, dont les artisans ont changé depuis la révolution. Ce ne sont plus les Juifs de jadis dont l'un avait survécu à la révolution et s'était spécialisé dans les instruments à vent, indispensables aux marches militaires, vitales en temps de guerre – je lui avais acheté mon premier setâr, au début des années 1990. Les vendeurs sont plus jeunes, et musulmans, du moins culturellement. En fait, l'anti-occidentalisme de la République islamique a favorisé l'essor de la musique traditionnelle ou classique (*sonnati*). En interdisant aux femmes la pratique du chant, il en a concrètement fait un champ autonome que consolide la revendication incontournable des artistes, sans pour autant que cela leur donne la liberté de monter sur scène, sinon pour des performances réservées à leur genre.

Puis je continuais ma route à pied jusque chez moi, yeux et ouïe à l'affût, presque en extase. Il ne me restait plus qu'un petit tour à effectuer sur le marché des fruits et des légumes pour chanter avec les vendeurs kurdes qui m'aimaient bien et me prenaient pour une révolutionnaire que je n'étais pas, les seules personnes que je voyais presque au quotidien, qui m'attendaient et qui me respectaient, avec lesquelles je m'amusais. À ceci près que les agents chargés de l'ordre public sur le marché, du contrôle des prix et de la lutte contre l'accaparement, faisaient soudain du zèle sur un terrain qui n'était pas le leur : celui du respect des bonnes mœurs qui appartient à tout un chacun. Ils n'ont pas tardé à s'en mêler, à faire pression sur les vendeurs et à nous gâcher un peu la vie. Réputés pour leur indocilité, les jeunes Kurdes n'en avaient cure. Mais je ne voulais pas leur causer de problèmes et j'ai perdu le goût de ces transgressions du conformisme moral. Ce marché de la mairie d'Abbas Abad se souviendra sans doute longtemps de moi et de mes chansons. On m'arrêtait d'ailleurs souvent dans la rue me féliciter. Mais il va de soi que mon comportement, suspect ou choquant aux yeux de certains, ne provoquait pas que de la sympathie dans le quartier.

Revenons au premier jour de la pose de mon bracelet électronique, au bureau des experts en la matière. L'homme s'accroupit devant moi, et comme les médecins il a le droit de regarder et de toucher mes pieds dénudés. Il choisit le gauche. « Vous serez mieux ! » me dit-il. Après avoir mesuré ma cheville, il coupe le surplus et en un clic et un clac, tout est fini. Il me demande de me lever et de marcher un peu, comme si je venais d'acheter une paire de chaussures. « Vous vous sentez bien ? Il ne vous serre pas la cheville ? – Non, tout va bien. » Je m'assieds à nouveau. Puis on me signifie que je ne suis pas autorisée à dépasser un périmètre de 300 mètres autour de chez moi. Le mari de ma sœur intervient en disant que « non, ce n'est pas ce qui nous a été dit, elle peut se déplacer dans tout Téhéran *intra muros*, nous a précisé M. Baraeh, l'adjoint du procureur ». La discussion entre les responsables se poursuit en catimini et on nous demande de patienter à l'extérieur, dans le jardin. On y attend longtemps, plus d'une heure. Quelqu'un arrive de l'extérieur, avec une lettre officielle dont je ne me rappelle pas la provenance – j'en ai vu tellement passer que j'ai fini par m'en lasser – mais qui comportait bien cette mention des 300 mètres. Nous nous soumettons, on nous remet un plan, un peu comme celui du quartier dans les stations de métro à Paris, sur lequel l'ordinateur a tracé le périmètre de 300 mètres, un cercle que je parviens à faire modifier un peu en en décalant légèrement le centre pour y inclure le marché des fruits et des légumes, où j'ai trouvé des Kurdes avec qui chanter, et où ma mère et moi-même faisions nos courses, le brouhaha dans lequel j'entendais bien me fondre rien que pour voir du monde et des couleurs.

Ce n'est qu'à mon retour en prison, et grâce aux efforts de mon avocat, Hojjat Kermani, que j'ai appris que la lettre que nous avions attendue pendant une heure était un faux pur et simple. En réalité, j'avais bel et bien été autorisée à circuler non pas simplement dans toute la ville de Téhéran, mais dans toute la province du même nom. Ce n'est qu'en mars 2021 que les auteurs du faux ont obtenu l'officialisation du périmètre des 300 mètres, en arguant de je ne sais quelles infractions aux dispositions du contrôle judiciaire que j'étais accusée d'avoir commises. À ceci près que quelques-unes d'entre elles se rapportaient à cette même période des six premiers mois au cours de laquelle l'obligation de rester dans ce prétendu rayon des 300 mètres relevait du pur fruit de leurs manipulations frauduleuses et de leur arbitraire, puisqu'en réalité j'avais été autorisée à circuler dans toute la province de Téhéran. Ce qui m'a toujours surprise, en prison, c'est l'obstination des autorités à faire mine de paraître respectueuses des règles qu'elles violent allègrement dans les faits.

Pendant cette longue période de seize mois d'assignation à domicile sous contrôle électronique, j'ai suivi, sur Internet, un cours de traduction du Coran et mon enseignement de théologie, via Telegram. Un grand musicien venait me donner des cours de setâr dans le parking de mon immeuble. Je parlais souvent au téléphone avec mes amis parisiens en estimant que j'avais le droit de le faire. Ils consultaient des médecins pour m'aider à régler mes problèmes de santé, notamment à la suite de ma grève de la faim. Par leur intermédiaire, l'adorable Odette, une Ardéchoise, me prodiguait les conseils de son coach pour effectuer des exercices physiques. Je sortais tard dans la nuit, vers 2 ou 3 heures, et m'étais familiarisée avec les chats qui prenaient alors le contrôle du quartier. Mes sœurs me parlaient des motos des policiers qui souvent passaient dans ma ruelle. Je les voyais aussi. Elles ralentissaient, puis redémarraient. Je peux dire que ces seize mois, monotones, faits de routine et de surveillance, ont sans doute été les plus durs de ma privation de liberté. Je devais attendre tous les jours le garde qui venait me faire signer ma feuille de présence, entre 8 h 30 et 15 heures, voire plus tard. Il sonnait, je descendais dans le parking où il m'attendait, je signais l'espèce de calendrier qu'il posait sur le capot d'une voiture, on ne se disait rien de plus. Nous nous étions fâchés, au tout début. Le lendemain de l'exécution de Rouhollah Zam, je me suis emportée en lui demandant : « Pourquoi vous avez fait cela ? Et en massacrant des jeunes, vous pensez résoudre vos problèmes de sécurité ? » Il me répondit, sans comprendre ma colère, et tout en défendant l'action de la justice, qu'il travaillait « dans le poste de police, un peu plus loin », « qu'il n'y était pour rien ». Nous étions restés en froid.

Jusqu'au jour où il m'a souhaité un bon Arbain, le quarantième jour de deuil de l'imam Hossein, que l'on allait célébrer le lendemain. Je le lui souhaitai à mon tour, en ajoutant que c'était le temps du *sholeh*, le potage que l'on offre en cette circonstance, une spécialité de Mashhad que l'on ne consomme qu'à cette occasion, composée de sept céréales, de sept épices et de viande de mouton mijotée une nuit entière. Le lendemain, ses yeux brillaient. Il avait en main un petit récipient blanc qu'il me montra en disant qu'il n'y était pour rien, que ça m'était destiné, qu'il ne faisait que me l'apporter. Et de me raconter l'histoire. « Quand je vous ai quittée, hier, en allant chez moi, un ami m'appelle pour me dire que ma part de potage m'attendait chez lui et que je devais venir le chercher le lendemain matin, ce que j'ai fait. Mais quand je suis rentré chez moi, on sonne, j'ouvre la porte et je vois que le voisin me tend un autre récipient, identique à ce que j'avais reçu de mon ami. C'est celui-ci ! J'ai compris que cela vous était destiné ! » Il était si heureux, et dans son expression, d'habitude recroquevillée, et dans sa voix. Je prends le récipient, je ne sais quoi dire, ou si, mais il n'y a rien à dire devant la beauté et la force du destin qui vous récompense, on ne sait pour quelle raison. Je le vois partir et j'attends que la porte se ferme derrière lui pour reprendre l'ascenseur et remonter chez moi, dans l'appartement de ma mère qui aurait su goûter ce don à sa juste mesure et être fière de sa fille. L'appartement m'a paru beaucoup plus vide, et ma solitude beaucoup plus grande. Un don qui t'est réservé, c'est un peu comme une bénédiction, un appel de l'au-delà.

Oui, il y a une vie après la prison ! Mais laquelle ?

Il y a trois ans, quand j'ai envoyé en France mes collages réalisés derrière les murs d'Evin, j'ai écrit qu'il existe sans doute une vie après la prison. J'ai tout de suite voulu décrire quelle était cette vie pendant ma privation de liberté mais je ne savais pas exactement de quoi elle serait faite, une fois dehors. J'étais loin de soupçonner qu'elle pourrait s'inscrire dans la continuité du lot d'incompréhensions, de doutes, de suspicions, de procès d'intention, d'accusations engendrées par mon arrestation, et qu'elle serait pour tout dire aussi déroutante.

Je suis aujourd'hui en plein dans cet « après », six mois après mon retour à Paris. Pour faire bref, et sans en vouloir à qui que ce soit, la vie d'une ancienne prisonnière « politico-sécuritaire », fût-elle graciée, continue d'être sérieusement polluée par sa mésaventure carcérale. « La vie est un long fleuve sanglant », aimait à dire Maxime Rodinson, vous le savez déjà. Je voudrais attirer l'attention sur les méandres de notre vie en société, sur la légèreté avec laquelle nous traitons souvent nos relations, et sur notre irrespect des positions marginales par rapport à l'opinion convenue. Ce disant, je ne cherche à incriminer personne. Je fais aussi la distinction entre les relations fortuites, de pure bienséance, et les relations amicales, plus ou moins intimes. Mais, de manière générale, les rapports avec autrui sont désormais obérés par mon expérience carcérale.

Les rituels des rencontres au quotidien me donnent souvent envie de dire à mes amis : « Je sais que vous avez fait beaucoup pour moi, mais pour m'aider peut-être faudrait-il cesser de me le rappeler. » Il s'agit d'un passé que j'aimerais oublier, ou en tout cas ne pas vivre en ancienne combattante, d'autant plus que je ne l'ai ni voulu ni décidé. J'ai aussi envie de leur dire que je n'y étais pour rien, ni dans mon arrestation, ni (et encore moins) dans ce que celle-ci leur a fait et dans la manière dont ils ont agi en conséquence. Il y a aussi des moments difficiles quand les gens se pensent obligés de (re)venir vers vous alors que nous n'avions pas de vraies relations auparavant. Ou quand les gens veulent compatir avec ma cause alors que nous ne partageons pas les mêmes idées politiques. Ou encore quand on croise par hasard quelqu'un dans la rue qui présente ses excuses de n'être pas venu plus tôt, pour aussitôt ajouter : « J'ai voulu respecter ton désir de rester seule », en arguant que tout le monde me donnait raison de me mettre en quarantaine pour quelque temps. Qui sont ces Autres dont on ne dévoilera jamais l'identité, par « discrétion », par « respect » ? Mystère, et je ne suis pas autorisée à le demander. Quelle est la nature de ce désir que j'aurais exprimé ? À qui, et où ? Il n'empêche que je brûle de l'envie de rétorquer à ces interlocuteurs de fortune qu'ils auraient pu s'en remettre à mon autonomie, à laquelle je tiens et qui me fait tenir. Je suis assez grande pour refuser une visite si je n'ai pas envie de celle-ci !

Au fond, c'est bien cette autonomie que j'ai perdue au regard des autres. On parle souvent à ma place. Si cela ne représente pas d'enjeux particuliers dans des relations immédiates et amicales, cela est plus lourd de conséquences dans les relations sociales générales. Dans un poème plein de sagesse atemporelle et universelle, Hafez dit que ses amis le sont devenus selon leurs calculs, leur fantaisie, leur émoi sans qu'ils l'interrogent jamais sur ses propres secrets, sur ce qu'il portait de plus profond en lui-même.

Loin de moi l'idée de vouloir dramatiser une situation qui d'ailleurs n'a rien de dramatique. Simplement, j'en arrive à penser que les doutes et les soupçons ne me quitteront plus jamais. Parce que, peut-être, j'ai autant de mal à croire les gens qu'ils ne semblent être capables d'échanger avec moi en toute confiance, du moins dans la sphère sociale.

Qu'on me demande de me retirer d'une réunion universitaire parce que ma présence pourrait nuire à la sécurité de certain·es participant·es, soit. Qu'on fasse semblant de m'ignorer sur les réseaux sociaux qui sont devenus désormais mon terrain de travail, et sur lesquels je passe beaucoup de temps, parce que la plupart des profils font apparaître nom et photo, soit. Je peux toujours, bien sûr, penser que mes amis ne veulent pas de telles relations et ne le peuvent pas. Peut-être aussi veulent-ils me laisser dans cet isolement que je désire à mon insu ? Mais ce petit jeu s'apparente à un déni de relations, fondé sur des quiproquos et des non-dits sur lesquels il me paraît impensable de revenir.

Un soir, sur Club House, je rejoins un groupe – une *room* – qui tantôt fait le procès des autres, tantôt entend dévoiler le procès que d'autres sont en train d'intenter. Dans sa conflictualité ce groupe me permet de mieux comprendre la complexité des liens entre les gestionnaires des *rooms* et d'obtenir des éléments dans la longue durée sur les enjeux et les implications des échanges. À peine arrivée dans cette *room*, de façon inhabituelle, je me fais appeler. On me demande de monter sur le *stage*, autrement dit sur le podium où se réunissent les intervenants. Comme cette *room* est restreinte et ne comprend qu'une centaine de personnes, je subodore que l'organisateur éprouve le besoin que je clarifie la raison de ma présence en son sein, chose qui ne se fait jamais en temps habituel. Mais, en chercheuse, je pense toujours que toute question posée sur mon travail, pendant mon terrain, est légitime et qu'il est de mon devoir professionnel d'y répondre. Je me présente donc et je salue la dizaine de participants montés sur le *stage*. Je me vois immédiatement confrontée à une kyrielle de questions d'ordre « politico-sécuritaire », tout à fait similaires à celles que me posaient mes interrogateurs d'Evin. La cohérence du groupe et des personnes qui questionnent tient à une forme particulière de raisonnement : « Si tu ne dis pas et ne penses pas la même chose que nous, c'est que tu es contre nous. » Toute autonomie de pensée ou d'objectif de l'interlocuteur – en l'occurrence interlocutrice – est refusée. *A fortiori* quand il s'agit d'un chercheur, cette activité professionnelle ne faisant aucun sens dans certains cercles. La polarisation sur la scène politique, et même publique, est telle qu'il est difficile aujourd'hui d'établir un dialogue avec bien des groupes, et d'échanger ou de débattre à propos de questions de société. Ce soir-là, je comprends très vite que je ne parviendrai pas à faire passer mon message ni à convaincre de mes intentions. Là où le bât blesse, c'est que, sous le prétexte du combat contre l'oppression, et au nom de la transparence, quelque cent personnes écoutent sans dire mot, sinon pour se joindre aux accusations à mon encontre. Tout argument différent des leurs est immédiatement interprété comme un signe de complicité avec le régime et doit être dénoncé.

Déferle alors une vague d'injures et d'accusations visant à démontrer que je suis une agente de la République islamique honnie et que mon incarcération a permis de camoufler les vrais liens que j'entretiens avec celle-ci. À mon tour d'être une « hirondelle » ! Le « modérateur » (hum !) de la *room* pousse le bouchon un peu loin en laissant entendre, en toute ignorance crasse du sujet, que ma libération a été négociée contre la remise aux autorités iraniennes du journaliste en exil Rouhollah Zam, qui a été exécuté à l'automne 2020 après son départ volontaire de France et son kidnapping en Irak par les gardiens de la révolution – il reprend une *fake news* qu'avait relayée un quotidien français. L'attaque est d'autant plus ignoble que j'ai refusé pendant toute ma détention de tirer avantage de ma double citoyenneté franco-iranienne en acceptant des promesses d'échange ou des offres de collaboration que me faisaient miroiter mes geôliers. Le « modérateur » et d'autres participants me menacent alors explicitement d'une campagne de dénonciation sur les réseaux sociaux afin d'obtenir mon renvoi de Sciences Po. La violence des propos se fait de plus en plus pressante, et ma parole de moins en moins audible. Je quitte alors la séance en pensant que j'aurais pu être attaquée, comme auparavant, en tant que chercheuse – je l'ai été si souvent par la diaspora, avant d'être arrêtée ! – mais que je le suis désormais comme ancienne prisonnière, preuve s'il en est de ma compromission avec le régime. Le fait d'avoir fréquenté ses institutions carcérales est un élément à charge pour les membres de cette *room*.

Mon casier judiciaire me poursuivra et permettra, ce sera selon, à un ami de s'écarter de moi, à un collègue de me mettre en cause, à l'opposition de nourrir la flamme de la révolution à venir. Ce n'est pas *Surveiller et punir*, c'est surveiller les punies… Il y a des libertés qui n'en sont pas ! Dans ce contexte, la délicatesse et la fidélité de certains, tels qu'Ahmad Salamatian ou Mohammad Papoli-Yazdi, sont irremplaçables.

Répression en pagaille, et pagaille de la répression

Dans le complexe pénitentiaire d'Evin, deux grandes institutions rivalisent en tenant le haut du pavé carcéral : les gardiens de la révolution et le ministère du Renseignement. Mais sans doute faut-il tenir également compte du ministère de la Justice et de l'armée, si je m'appuie sur mon expérience personnelle. J'ai rencontré une détenue qui avait été arrêtée avec son mari et qui était sous le pouvoir du ministère de la Justice, lequel mettait en cause leurs liens avec les « commandants » afghans. Quant aux militaires, certains sont incarcérés à Evin, mais en règle générale ils semblent être emprisonnés dans des centres de détention propres, en dehors du complexe, si j'en crois un échange furtif que j'ai pu avoir avec l'un d'entre eux. Il en est notamment ainsi des arrestations intra-institutionnelles, au sein de l'armée, de la Justice ou encore du clergé.

Ces différentes instances ne semblent avoir ni les mêmes vues ni les mêmes méthodes. Elles se distinguent aussi par leurs locaux. Elles ne communiquent pas entre elles, et même se méfient les unes des autres. Les prisonniers sont ballottés entre le ministère du Renseignement, les gardiens de la révolution et l'institution judiciaire, dans une sorte de pagaille organisationnelle qui engendre de multiples problèmes. Mais ces services se tiennent tous par la barbichette.

On l'a vu, la détention se décompose en deux temps. Les prisonnières sont d'abord dans la main du service qui les a arrêtées. Elles sont détenues dans les bâtiments de celui-ci et y sont interrogées par ses agents. Ce n'est que dans un deuxième temps, généralement après avoir reçu leur sentence, qu'elles sont transférées dans le quartier ordinaire des femmes qui, dans les faits, à Evin, n'accueille que des détenues relevant des questions de « sécurité » (les hommes arrêtés pour des raisons politico-sécuritaires sont mêlés, après leur procès, aux condamnés de droit commun, notamment pour malversations financières ou dot et chèques impayés, mais pas aux assassins ni aux drogués. Précisons également qu'Evin comporte une section réservée aux transsexuels).

En revanche, le ministère de la Justice ne semble pas disposer de locaux de détention attitrés. Il venait chercher sa détenue chaque matin pour les interrogatoires et la ramenait le soir, souvent tard.

Ainsi, les interrogatoires se passent dans les locaux propres à chaque institution, sur la base des « preuves » qu'elle rassemble, et en fonction de l'autorisation qu'elle obtient d'arrêter des personnes pour sanctionner de manière officielle la détention provisoire. D'où l'utilité de ces « lettres d'aveux » ou des « documents » que l'on forge, faute de temps. Nous parlions entre nous du

« traficotage » ou de l'« invention » du dossier – un signe parmi d'autres de l'incompréhension totale qui règne entre les détenues et leurs interrogateurs, ces experts, ces agents de l'ordre qui sont préoccupés par un ordre que l'ordre ignore.

Pendant nos déplacements au sein du complexe d'Evin, nous situions assez bien les locaux du ministère du Renseignement, car ils sont à proximité de la clinique dans laquelle les médecins consultent les prisonnières et s'effectuent les examens médicaux. Les locaux des gardiens de la révolution sont, eux, placés dans une petite ruelle et dissimulés aux regards. Les gardiens de la révolution et le ministère du Renseignement disposent également de « maisons de sûreté », à l'extérieur d'Evin, dans lesquelles certains prisonniers sont conduits, généralement les yeux bandés pour qu'ils ne puissent pas les localiser. C'est ainsi que je ne sais pas où j'ai passé ma première nuit de détention, après mon interpellation à l'aéroport, ni ne puis identifier le lieu de mon premier interrogatoire dans l'enceinte de celui-ci, où j'ai été questionnée et humiliée pendant quatre heures par des jeunes hommes alors que d'autres, hilares, se chamaillaient autour du contenu de mon *laptop*.

Si j'en juge par ma seule expérience, forcément limitée, les femmes qui ont été interpellées lors des manifestations de l'automne 2019, puis pendant le mouvement « Femme, vie, liberté », ne sont généralement restées à Evin qu'un mois, la durée légale des arrestations au terme de laquelle elles étaient soit libérées sous caution, soit transférées dans d'autres lieux de détention. J'ai pu voir moi-même, devant Evin, beaucoup de familles venir prendre des nouvelles de leur enfant pendant cette période. Accompagnée d'une fonctionnaire des forces de l'ordre (et non du personnel pénitentiaire) armée d'un pistolet pour la circonstance, de deux policiers et d'un chauffeur, je me rendais à l'extérieur pour des consultations médicales – les deux premières fois menottée, par la suite sans l'être malgré les protestations des agents aux différents contrôles qui ponctuent la sortie de la prison. Mais, de façon générale, nous, les prisonnières politico-sécuritaires, nous n'avons pas été les témoins directes de ces vagues d'arrestations de 2019 et de 2022. Toutefois, pendant ma détention provisoire, j'ai entendu l'arrivée de plusieurs femmes, et j'ai même partagé avec l'une d'elles ma cellule. Elle était divorcée, turcophone. Habituée à de telles arrestations, elle semblait confiante dans la capacité de ses parents à payer sa caution.

Il faut noter que la grande majorité des accusées politico-sécuritaires restent en liberté conditionnelle avant leur jugement. Certaines, peu nombreuses, voient suspendue l'exécution de leur sentence sur une longue période. La date de leur entrée en prison est laissée à l'arbitraire de l'institution judiciaire. Tel fut le cas de Samin, une jeune femme de confession bahaïe, originaire de Gorgan, née en 1985, activiste des droits de l'enfant, en particulier en faveur des jeunes Afghans. Dans l'attente de l'exécution de sa sentence, prononcée en 2012, et sans nouvelle de celle-ci, elle se maria et menait une vie normale, si tant est qu'on puisse le dire ainsi, dans l'espoir que la suspension de sa peine, si longtemps reconduite, finirait par annuler sa condamnation à cinq ans de détention pour collusion avec l'étranger et atteinte à la sécurité nationale. Sa fille avait 5 ans quand, un beau jour, les autorités se présentèrent à son bureau et lui demandèrent de les suivre. Elle n'eut pas l'autorisation de dire au revoir à Keyzad, son mari, ni à Nila, sa petite fille ! Je me souviens d'elle, une sacrée Shéhérazade qui nous racontait souvent, le soir, des histoires comme on le fait avec les enfants dans leur lit, pour les endormir.

De fait, notre sort de prisonnières était variable suivant l'autorité qui nous détenait. Entre nous, nous en discutions très librement, sans avoir peur des mots, et même en frimant quant à la qualité de la nourriture dont nous disposions, au « confort » de notre cellule, à nos possibilités de promenade, au comportement des gardiennes. Nous frimions aussi quant à notre propre comportement vis-à-vis de nos interrogateurs ou de nos surveillantes, par exemple quand je me vantais d'avoir jeté une bouteille d'eau à la tête de l'agent qui me questionnait. L'une assurait avoir craché dans le plat qu'on lui avait servi en disant que c'était de la merde, une autre qu'elle avait répondu à la surveillante qui lui avait demandé son soutien-gorge de venir le prendre elle-même – et tout le monde de rire, plein d'admiration. Une détenue qui, dans le cadre de sa sentence, devait travailler pour les gardiens de la révolution, ne cessait de mettre en avant la rapidité avec laquelle elle obtenait ce qu'elle demandait : « Tous les livres ou produits que je demandais, je les recevais le soir même ! » J'avais relaté à une codétenue que je l'avais vue partir d'Evin dans une très belle voiture, alors que je rentrais de ma consultation médicale dans un minibus minable : « Fariba *joon*, je n'ai jamais été transportée que comme cela ! » me rétorqua-t-elle avec fierté et distinction. Nous nous vantions également de la considération ou de l'affection que nous témoignaient certaines surveillantes, certains interrogateurs, des cadres dirigeants de la prison ou le personnel du service juridique : « Il m'a dit qu'il ne me laisserait jamais partir dans tel autre lieu de détention, qu'il me le promettait », ou « Il m'a dit, ne viens plus ici, ce n'est pas un lieu pour toi, tu es belle et intelligente ». Vantardises qui nous faisaient d'ailleurs soupçonner certaines de nos codétenues d'avoir des relations privilégiées avec l'administration pénitentiaire ou les services de sécurité. Nous nous leurrions aussi sur ce que nous promettaient ou nous garantissaient certaines autorités judiciaires au sujet de nos droits, ou sur leur conviction que nous étions innocentes de ce dont on nous accusait, ou encore sur ce que nous croyions savoir du monde carcéral et de ses secrets.

Pendant ce temps, les deux principales instances d'Evin, les gardiens de la révolution et le ministère du Renseignement, rivalisaient entre elles sur notre dos, en grignotant des parcelles d'espace, notamment de parking, au sein du complexe pénitentiaire. Elles se distinguaient en matière de locaux, de type d'habillement, de standing de voiture, mais aussi d'intransigeance à notre encontre. Il n'était pas rare que l'une des deux considère comme innocente, voire acquitte une détenue considérée comme criminelle par l'autre. Tel était le sort des environnementalistes dont j'ai partagé la détention. Le ministère du Renseignement voulait les libérer, les gardiens de la révolution s'y opposaient. En revanche, dans une affaire d'espionnage supposé pour le compte du Mossad, les gardiens de la révolution soutenaient la position du ministère du Renseignement.

Je suis moi-même passée des mains des gardiens de la révolution, qui m'avaient arrêtée, à celles du ministère du Renseignement, quand j'ai été assignée à résidence en octobre 2020. C'était ce dernier qui avait obtenu cette décision en estimant que je relevais de sa compétence, dès lors que j'avais été jugée et condamnée, et que je pouvais sortir de prison en étant mise sous contrôle judiciaire. À cette occasion, j'ai pu mesurer la différence entre les conditions de privation de liberté de la part de chacune de ces deux institutions. Les locaux du ministère du Renseignement dans lesquels j'avais été transférée, dans l'attente de ma sortie d'Evin, étaient beaucoup plus sombres, les promenades et les douches étaient restreintes à trois par semaine à peu près – en tout cas en ce qui me concernait, car, je ne le dirai jamais assez, Evin est un monde instable de discriminations –, les gardiennes se dissimulaient à nos regards en s'enveloppant dans leur vêtement « islamique » comme pour nous empêcher de les reconnaître une fois que nous serions libérées, les interrogatoires étaient plus stricts – on les subissait les yeux bandés et tournées vers le mur – et beaucoup moins professionnels que chez les gardiens de la révolution, conduits de manière presque timide, n'allant jamais au fait, s'en tenant aux chefs d'accusation sans jamais chercher à apprendre de l'expérience de la détenue que j'étais. Estimant que j'avais déjà répondu à toutes ces questions, supportant mal ces nouvelles normes, je m'enfermais dans le silence, les protestations, les cris, les pleurs. En vérité, je ne comprenais pas que le passage d'un service de sécurité à l'autre n'avait rien d'évident et faisait l'objet d'âpres négociations entre les deux institutions.

Cela a duré trois semaines, interminables, pendant lesquelles ma famille fut appelée à plusieurs reprises pour venir me chercher et pour s'entendre dire, une fois arrivée à Evin, qu'il fallait encore attendre quelques jours. Lorsque ma sortie fut actée, elle dut encore patienter pendant plus de trois heures, car les gardiens de la révolution, mécontents, m'avaient convoquée pour un nouvel interrogatoire, avant les dernières procédures de la levée d'écrou. De leur côté, les fonctionnaires du ministère du Renseignement m'affirmaient que je n'avais plus rien à faire avec les gardiens de la révolution et que je pouvais refuser de répondre à leurs convocations ou à leurs questions… Cette rivalité me laisserait d'ailleurs par la suite une certaine marge de manœuvre et de contestation, tout comme aux autres détenues.

Le cirque recommencera lorsque je devrai retourner en prison en janvier 2021 à la suite, me dira-t-on, d'une décision de justice pour avoir enfreint vingt-sept fois les limites fixées. Trois heures durant, bracelet électronique au pied, je devrai patienter en écoutant deux ou trois responsables discuter en chuchotant à propos de mon cas autour de leurs ordinateurs. Ils ne savaient comment faire pour me réintroduire dans le quartier des femmes. Jusqu'à ce que l'un d'entre eux pousse un cri de joie, ravi de sa trouvaille : « Elle n'a jamais quitté la prison ! » Cela voulait dire qu'administrativement je n'étais jamais sortie d'Evin. Nul besoin, donc, de me réenregistrer. Les ciseaux en main, il s'est jeté pour ainsi dire à mes pieds pour me retirer le bracelet électronique. Et j'ai été à nouveau placée dans la cellule que je redoutais, sans fenêtre, celle de la quarantaine pendant la pandémie de Covid. Sepideh était en congé médical de plus de quatre mois pour une opération des amygdales. Niloufar, l'environnementaliste, n'a pas tardé à venir avec un panier de fruits et de petits gâteaux.

Il se passe toujours quelque chose à Evin

Evin est un lieu de changements permanents. En parodiant le slogan publicitaire d'un grand magasin célèbre de Paris, on pourrait dire : « Il se passe toujours quelque chose à Evin ! » Ces changements sont autant le fait de l'administration pénitentiaire que de l'application du règlement intérieur dont le contrôle est pour l'essentiel entre les mains des détenues.

Pour mieux le comprendre, je vais partager avec vous quelques exemples. Notre centre de détention est au quotidien en mutation. On crée des parkings, on ajoute des allées, on en réhabilite d'autres en les délimitant avec des murs en béton, on fleurit des parcelles, on dispose des jets d'eau, on les peint en couleur. En fait, si la toponymie et le vocabulaire n'ont pas changé, l'institution carcérale d'Evin, elle, s'est beaucoup transformée au fil du temps, à la fois sur le fond et dans la forme.

Ainsi, ce qu'on nomme, dans son langage administratif, le *band* a revêtu plusieurs significations avant et après la révolution islamique. *Grosso modo*, le terme renvoie à Evin, à la section, au département, au quartier. En signifiant aussi le lacet et la corde, il peut évoquer l'enlacement, le lieu où l'on réduit le mouvement, l'enchaînement. Être *bandi*, devenir *bandi*, c'est être enfermé dans un tel lieu – section, département, quartier – et être privé de mouvement. Les *band* – les sections, les quartiers au sein d'Evin – sont pour certains numérotés, pour d'autres dénommés. Ces regroupements s'effectuent en fonction des délits qui ont donné lieu à une condamnation : par exemple les drogués, les transsexuels, ceux que l'on désigne comme « droit commun », coupables de délits financiers, tels que le vol, le non-paiement de la dot et surtout l'émission de chèques sans provision – l'un des principaux motifs de l'emprisonnement en Iran. À ma connaissance, les meurtriers ne sont actuellement pas détenus à Evin, et j'ignore s'ils l'ont jamais été.

Ce que je nomme le quartier des femmes (*band-e zanan*) est tout récent. Ces dernières n'avaient pas de lieu attitré sous la monarchie, du moins à Evin. Elles occupaient des espaces intégrés à d'autres sections. Ensuite on leur a attribué une maison servant auparavant d'atelier de coupe : au départ, une simple pièce dans laquelle les détenues dormaient à même le sol, sur des couvertures fournies par l'administration. Elles mangeaient également par terre, comme on le fait traditionnellement en Iran. Progressivement l'espace dévolu aux femmes s'est élargi, au prix de travaux conséquents et de l'abattage de quelques murs. Il semble que ce soit la crise électorale de 2009 qui ait nécessité cet agrandissement pour « accueillir » les réformatrices du Mouvement vert et les jeunes qui les soutenaient. Jadis, dit-on, les femmes détenues vivaient chichement : « On mangeait et on dormait par terre, on n'avait pas de four ni beaucoup de possibilités de faire des courses et de moyens de conserver les aliments, faute de frigidaire. » Les mémoires de prisonnières auxquels Iraj Sobhani m'a donné accès, dans sa très belle bibliothèque, nous apprennent que les détenues ne pouvaient se distinguer des autres dans leurs achats personnels. Les gauchistes, par exemple, mangeaient en groupe et décidaient collectivement des achats. La longueur de la peine ne permettait aucune exception à ce régime communautaire. « La vraie prison », disent certaines. Celle à laquelle aspiraient les Moudjahidines du peuple qui revendiquaient volontiers la frugalité révolutionnaire et contestaient, par exemple, l'usage quotidien du four pour faire des gâteaux à Evin. L'arrivée des réformatrices, ou plus exactement des activistes du Mouvement vert, a tout changé. En quelque sorte elle a développé et embourgeoisé le quartier des femmes, tout en le démocratisant. Par la grâce de donateurs, des chaises et des tables en plastique, des tapis industriels, des magnétoscopes et de grands écrans, des casseroles, des poêles Tefal pour faire de succulents *kou kou* – des galettes d'œuf et de pommes de terre, ou d'œuf et de diverses herbes –, et des cuiseurs de riz ont été commandés. Nazanin, la fille de Khashayar Deyhimi, un intellectuel, a été arrêtée en 2012. Journaliste et traductrice, elle a passé quatre mois à Evin, dont deux dans le quartier des femmes d'où elle a mobilisé son père pour qu'il obtienne des éditeurs l'envoi d'un nombre considérable de livres. Que son âme repose en paix, car elle est morte d'une crise d'asthme peu de temps après sa libération, avant même l'âge de 30 ans. Elle a laissé derrière elle des lettres et des pages de mémoires qui font réfléchir sur les difficultés que rencontre une prisonnière après sa libération et sur la nostalgie, ma foi surprenante, qu'elle peut exprimer quant au temps de partage que représentait la détention. Ce sentiment va de pair avec le cri rageur, non moins paradoxal, que l'on entend lors des conflits entre groupes de prisonnières politiquement opposés : « Que la République islamique soit mille fois bénie ! » – sous-entendu : si son opposition est composée de personnes comme vous…

Nous l'avons vu, le quartier des femmes comporte aujourd'hui quatre salles, les « lofts », comme je les nomme ironiquement. S'y agencent des lits superposés le long des murs et, au milieu de la pièce, des tables et des chaises en plastique, en fonction du nombre des occupantes ; des tapis industriels d'assez bonne qualité ; un téléviseur dans chaque salle, accroché au mur, et un magnétoscope dont l'usage provoque parfois des conflits quant au choix des programmes ou des films ; entre les lits, des espaces de rangement ou de changement de ses habits que l'on se partage à trois ou quatre, là aussi non sans tensions suivant les rapports de force entre les prisonnières – pouvoir et accaparement de l'espace vont de pair. Des bibliothèques sont disposées dans les couloirs reliant les « lofts ». La cuisine collective est équipée de dix feux et pourvue d'ustensiles à foison. Les salles 1, 3 et 4 bénéficient de douches et de toilettes (pour la salle 4, seulement depuis l'arrivée des détenues transférées de Qarchak). D'autres douches et W.-C. ont été installés au rez-de-chaussée. Pour y accéder, il faut s'inscrire sur la liste de celles qui les nettoient et les entretiennent. Enfin, une salle de gym a été équipée d'appareils assez sophistiqués pour l'exercice des détenues. Une table de ping-pong, des jeux d'échecs et de dames, des jeux de cartes fabriqués et décorés par les prisonnières elles-mêmes, souvent très beaux, agrémentent leur quotidien. À noter que les jeux de cartes sont théoriquement interdits, mais qui s'en soucie à Evin, où règne l'esprit de poker à partir de 22 heures ?

Obtenus grâce à l'évergétisme de donateurs plus ou moins connus qui, en quelque sorte, ont transformé le quartier des femmes en véritable *waqf*, au début des années 2010, ces moyens matériels ont profondément changé la condition pénitentiaire. J'ai pu voir certaines des prisonnières de début 2010 revenir à Evin, telles Bahareh Hedayat et Faezeh Hachemi – la fille de l'ancien président de la République Rafsandjani –, mais aussi deux bahaïes, Fariba Kamalabadi, une psychologue de 63 ans, et Mahvash Sabet, une poétesse de 72 ans, dont l'arrestation n'avait rien à voir avec le Mouvement vert. Le retour à Evin de ces deux dernières, après avoir vu leur sentence initiale de vingt ans de prison commuée en une peine de dix ans, puis rapidement à nouveau condamnées dans le sillage de leur libération, ne laissait personne insensible. Elles disaient en riant qu'elles devaient bien cette nouvelle sentence à la Justice qui avait été contrainte de raccourcir leur première détention, du fait de leur grâce.

Un autre moment de transformation d'Evin est survenu entre mon assignation à résidence, bracelet électronique à la cheville, et mon retour en prison. En seize mois les changements étaient notables. L'accès aux communications téléphoniques avec l'extérieur était devenu quotidien (sauf le vendredi), alors qu'il n'était auparavant accordé que tous les deux jours, et la longueur des conversations était passée de dix à trente minutes. D'un évier plutôt rudimentaire de format familial, pour laver quarante assiettes sans compter les casseroles, on était passé à deux éviers de standard professionnel, beaucoup mieux adaptés à un usage collectif. Nous étions auparavant quarante détenues, nous n'étions « plus que » dix-sept lors de mon retour – mais nous passerions rapidement à soixante avec le rapatriement à Evin des prisonnières de Qarchak, une prison située au sud-est de Téhéran (les autorités iraniennes alternent entre la concentration des détenues politico-sécuritaires dans le quartier des femmes d'Evin et leur dispersion entre plusieurs établissements pénitentiaires, dont certains en province). Un donateur nous a équipées d'une troisième machine à laver le linge, particulièrement performante, qui fut d'autant plus appréciée que l'une des autres était en réparation. Nous attendions le changement du four qui devait permettre à Sepideh, la défenseuse du mouvement ouvrier, de toujours mieux réussir ses gâteaux et de se lancer dans la formation pâtissière des codétenues qui s'y intéressaient, une requête écrite en bonne et due forme et envoyée à l'administration carcérale. Nous avions désormais un écran géant de télévision supplémentaire, et un *video player* – avec l'espoir que cela limiterait les disputes. Nous négociions pour obtenir des *monitors* d'ordinateur, aux fonctions limitées et notamment privés d'accès à Internet, qui néanmoins facilitaient notre apprentissage des langues étrangères – l'anglais, le français, l'espagnol et l'allemand – et bien sûr nous permettaient de visionner des films, y compris les non autorisés (nous pensions pouvoir le faire à l'insu de l'administration, ce qui est sans doute improbable compte tenu de l'omniprésence de la vidéosurveillance). Nous avons pu obtenir de l'administration de faire entrer des DVD et des séries télévisées iraniennes diffusées par la chaîne satellitaire moyennant abonnement, mais que l'on peut ensuite acheter sur le marché, ce que nous faisions. L'une d'entre elles avait fait l'unanimité des détenues : *Hamgonah* (littéralement « ayant commis le même péché »), qui mettait en scène des milieux particulièrement aisés, pris entre leur connexion à la modernité et leur attachement à une tradition familiale revue et corrigée. On avait également gagné une infirmerie, et un médecin généraliste y donnait des consultations deux matins par semaine. La bibliothèque dans le bureau du personnel avait disparu. Elle contenait des livres religieux et des romans iraniens

– de trois cents à quatre cents volumes. La plupart des équipements de la salle de gym étaient partis en réparation. On nous priva même des poids à la suite d'une crise de l'une d'entre nous qui les avait jetés contre les murs, le mobilier et les miroirs, causant les dégâts que l'on peut imaginer. Nous n'avions plus à choisir entre le repas fourni par la prison et certaines rations qu'on recevait mensuellement, composées de riz, de lentilles, de pois chiches, de soja, de haricots blancs et rouges, de pommes de terre, d'oignons, de légumes de saison, de thé, de confitures, de beurre végétal, de yaourts, de fromages, de viande, de poulet. Nous recevions mensuellement des produits non alimentaires tels que des détergents et des produits d'hygiène et pouvions aussi les acheter à l'épicerie où l'on commandait nos marques préférées.

La cheffe des gardiennes avait également changé. Venue du rang et promue à cette fonction, elle peinait à s'imposer. Il n'empêche qu'elle me réserva un lit du bas pendant que j'étais en quarantaine après mon retour à Evin, parce que j'avais 62 ans et que les détenues plus âgées se voyaient reconnaître certains avantages. Néanmoins, elle n'était pas forcée de le faire. Elle y était d'autant moins obligée que, par ailleurs, je la trouvais très préoccupée par sa personne, son attitude était d'autant plus surprenante. Elle ne cessait d'être en compétition avec ses collègues, bien que souvent celles-ci soient *maktabi* (doctrinaires) et islamiques, du moins dans leur mise vestimentaire. Les unes et les autres ne cessaient d'avoir recours à des pratiques esthétiques en vogue dans la société iranienne, censées faire ressembler leurs adeptes à une Angelina Jolie, quitte à utiliser des gels ou des injections de Botox, parfois au prix d'œdèmes ou de déformations ma foi assez disgracieux.

Bref, l'humanité n'est pas absente d'Evin, ni même pas si rare, et elle vous touche évidemment, par rapport à l'indifférence ambiante ou à la mauvaise gestion de l'administration. Mon avocat, Hojjat Kermani, m'a souvent expliqué de la sorte ma grâce : « Beaucoup pensaient que ton retour en prison était injuste, que tu ne méritais pas ce traitement. Ils te devaient bien cela, tant ils ont mal agi en te renvoyant en prison. » On est toujours dans ces formes de raisonnement et de négociation avec l'administration pénitentiaire : mi-affectives, mi-revendicatives, dans le cadre du donnant-donnant, même si la norme est que la vengeance finit par être un plat qui se mange froid, comme partout.

Pour ce qui était de l'organisation interne de notre espace de détention, nous devions nettoyer les toilettes à 5 heures du matin, avant que les détenues ne se réveillent. C'était la corvée la plus redoutée. Nous finîmes par obtenir que cette tâche soit reportée à 14 heures, au moment de la sieste, lorsque les détenues doivent garder le silence et ont l'interdiction de circuler, sauf urgence, bien sûr.

On choisissait au début une représentante par saison. Puis nous l'avons fait tous les six mois. Cela, disait-on, arrangeait l'administration qui ainsi parvenait à mieux gérer ses relations avec les détenues. Parce que celle qui était élue s'attachait à ses avantages et ne voulait plus céder la place, susurraient les mauvaises langues ! L'administration a su en profiter.

Changements aussi au sein de l'administration judiciaire. Les jeunes avaient succédé à leurs aînés ! On évoquait souvent les qualités humaines des anciens adjoints du procureur, fort nombreux à Evin – un certain Baraeh était très respecté par la plupart des détenues, et son souvenir reste vivant jusqu'à aujourd'hui. Les nouveaux n'étaient pas seulement plus jeunes, ils étaient, ma foi, sourds ! Je me souviens du coup de fil que j'ai reçu de mon avocat, Hojjat Kermani, vers 11 heures du matin, un mercredi, alors que j'étais assignée à résidence, m'annonçant que le procureur voulait me voir. « Quoi ? Me voir ? » Hojjat Kermani me dit qu'il irait seul pour savoir de quoi il retournait. Il me rappelle vers 16 heures : « Il veut te voir en personne, et je n'ai pas réussi à en savoir plus. » Je lui demande si je dois retourner en prison de manière définitive. Il ne sait pas. Habitant au centre-ville, je lui dis que je le rejoindrai devant Evin, sous le pont de Yadegar-e Emam. Il n'est pas d'accord et me demande de ne pas bouger, mais de m'occuper plutôt de mes affaires personnelles et de résumer en une note ce qu'il y aura à faire, au cas où je ne pourrai pas retourner chez moi. Il viendra me chercher lui-même, cela me laissera une heure de plus pour écrire des lettres à mes deux pauvres sœurs qui ne savent plus comment gérer l'ingérable de ma vie et pour essayer de leur faciliter la tâche. En effet, je venais de déménager pour un appartement plus lumineux, à quelques pas de celui de ma mère, et les ouvriers – tous afghans – travaillaient encore sur le chantier que je devais réceptionner trois jours plus tard.

C'était curieux, ce trajet vers Evin, tout aussi forcé que le premier, mais à cette différence près que j'y allais de mes propres pas et non, comme la première fois, menottée et les yeux bandés, aux côtés de gens dont je venais de faire la connaissance bien malgré moi ! Cette fois-ci, j'étais conduite par mon avocat, dans sa belle voiture noire. Comme pour aller visiter un lieu. J'avais dans mon sac une chemise de nuit, ma brosse à dents, une paire de chaussettes et… rien d'autre, parce que j'espérais vraiment revenir le soir même, ou le lendemain.

On se gare, on franchit le poste de police, on présente ses papiers, on monte la petite colline. Sur la droite, je vois l'immense porte d'entrée de la prison, celle qui figure sur toutes les photos, avec ses fils de fer barbelés, celle d'où je sortais, toujours accompagnée de gardes, pour aller chez mon médecin ou au tribunal. Juste à côté, à 3 ou 4 mètres, une toute petite porte, identique à celles des maisons dans les quartiers populaires du sud de Téhéran. On entre par cette dernière. Et une fois passée devant le garde, je sais qu'il n'y a plus de retour en arrière.

« Je suis Hojjat Kermani, un habitué des lieux. » Chaleureux et amical comme il est toujours, mon avocat salue tout le monde, et tout le monde lui sourit, et moi, toujours derrière, je le suis sans relâche. On passe par des couloirs qui s'emboîtent et par des escaliers, on monte et on descend, je suis perdue. Puis on se trouve dans un bureau, Hojjat me présente et me demande de m'asseoir, ce que je fais. On en ressort dix minutes plus tard, et on pénètre plus loin dans un autre, celui de l'adjoint du procureur, jeune, très jeune, je l'aurais pris pour un secrétaire. Celui-ci me demande à son tour de m'asseoir, et à Hojjat de partir. Je le regarde, comme pour lui dire : « Ce n'est pas ce que nous avions prévu ! » Il me fait un signe, « T'inquiète ! », et du doigt il me montre le sol, comme pour dire qu'il reste en bas, là où nous avons garé la voiture. Soudain sa voix monte : « Je t'attendrai là-bas », et sa main montre derrière son dos.

Mais je sais que c'est fini. Mes larmes coulent. Non pas que j'aie peur, que je craigne quelque chose. Non pas que je sois triste de retourner aux côtés des détenues. Non plus ! Mon assignation à résidence s'était très mal passée, dans une solitude invraisemblable. Je parlais certes avec mes amis au téléphone, mais j'étais seule. Et la solitude, quand vous ne savez pas quand elle s'arrête, désempare et peut être très étouffante. À l'extérieur non plus, personne ne vous parle, ou peut-être n'avais-je envie de me rapprocher de personne.

Si je pleurais, c'est que je savais tout ce que j'avais laissé d'ingérable derrière moi, dans mon nouvel appartement, et que mes sœurs allaient devoir prendre en main, elles dont la vie était déjà chargée et qui avaient beaucoup souffert de mon absence sans même que je sache exactement ce que cela représentait pour elles, car leurs récits se superposaient, se contredisaient. Je m'en voulais de m'être installée dans un quotidien si flou, si mal organisé, si peu réfléchi, comme dans une sorte de fuite en avant. Je m'en voulais de ne pas avoir prévu ce moment de retour à Evin. Je savais que j'allais à nouveau vivre dans la dépendance des autres, c'est sans doute ce que je redoutais le plus.

Assise à 5 mètres du jeune adjoint, je prends mon courage à deux mains, je me lève, je m'approche de son bureau comme pour lui faire une confidence et je lui demande, sans pouvoir contrôler mes larmes, plutôt je le supplie de me laisser juste vingt-quatre heures pour que je puisse mettre en ordre mon appartement, payer les ouvriers et prendre quelques affaires qui me seront utiles pour les deux ans qui me restent à passer derrière les barreaux. Cela faisait seize mois que je vivais à l'extérieur et que rien ne s'était passé qui puisse justifier ma réincarcération. Il me répond que je n'ai pas respecté les conditions de mon contrôle judiciaire. Mais il ajoute que je peux soumettre cette requête au procureur, la seule personne habilitée à me donner cette autorisation. Je m'assieds, j'attends, les larmes coulent mais j'attends.

La porte du bureau du procureur s'ouvre. Le jeune adjoint, toujours assis, désigne la porte de la main droite et me demande d'y aller, un peu comme un assistant dans un cabinet médical. J'entre dans une très grande pièce dans laquelle il est difficile de trouver son occupant. Je le vois finalement derrière des rangées interminables de chaises. J'avance. Je m'assieds sur un siège en face de son immense bureau, mais nous sommes très loin l'un de l'autre. Je ne sais même pas s'il m'entend quand je parle d'une voix frêle : « Je vous prie de me donner vingt-quatre heures, je reviens après avoir mis en ordre ma maison. Vous savez, ma famille n'y est pour rien, dans mon histoire. Je ne souhaiterais pas leur poser plus de problèmes que je ne l'ai fait jusqu'à maintenant ! » Son silence est éloquent. Il s'en fout ! Et puis il dit : « Non, ce n'est pas possible ! » Je me tais. La porte sur ma gauche, au loin, derrière moi, s'ouvre et le jeune adjoint y réapparaît, me demandant de le suivre, chose que je fais. Je remonte la chaîne des assistants et autres auxiliaires du procureur, jusqu'à ce même bureau où ils vont se casser la tête pour savoir comment m'enregistrer après mon retour, pour finir par inventer que je n'ai jamais quitté Evin.

Un monde de règles

À mon arrivée dans le quartier des femmes d'Evin, tout début janvier 2020, après avoir attendu dans la salle numéro 2 pendant deux heures environ, Sepideh est revenue vers moi pour me montrer mon lit, à deux pas de là où j'étais assise, au second étage d'un châlit qui se trouvait à droite de l'entrée. Il me fallait juste grimper trois petites marches sur des échelles métalliques. Pas très évident, mais pas compliqué non plus, étant donné mon poids. Très vite, en deux ou trois jours, Mojgan et Minou s'occuperont des barreaux de l'échelle menant à mon lit. Elles enrouleront autour de ceux-ci de petites serviettes colorées laissées par d'anciennes détenues dans l'espace de réserve dit Tanakora, sur lequel je reviendrai tout à l'heure, en les fixant à l'aide de larges bandes de scotch transparent dont je ne sais comment elles les avaient trouvées. Evin a un côté non seulement Galeries Lafayette – à chaque instant il s'y passe quelque chose ! – mais aussi Samaritaine. On y trouve tout ! Il suffit de connaître la bonne personne, et j'ai été entre de bonnes mains, soyez rassurés.

Désormais multicolores, mes barreaux deviendront non seulement très agréables à emprunter mais aussi, en quelque sorte, une œuvre d'art intrigante, voire jalousée. En outre, ils m'auront permis de me lier d'amitié avec deux détenues. L'une très engagée sur la question des droits des femmes et des enfants, grande voyageuse aux quatre coins du pays, en relation avec Masih Alinejad, l'une des figures les plus en vue de l'opposition en exil aux États-Unis, à qui elle envoyait des clips de ses propres actions, ce pour quoi elle fut arrêtée, et à la notoriété de laquelle elle a beaucoup contribué – on reprochera à Masih Alinejad, sur les réseaux sociaux, de s'enrichir sur le dos de celles à qui son militantisme aux États-Unis faisait courir de grands dangers en Iran même. L'autre, Minou, se voyait accusée de très vagues activités d'espionnage et de détournement de fonds qui la préoccupaient beaucoup. C'est elle qui m'a offert mon premier cadeau en prison : une bague en cuir cousue main, que j'ai toujours en ma possession.

En fait, c'est tout Evin qui se révèle dans ces premières rencontres. La promiscuité, l'enfermement font qu'on invente, on crée, on noue des relations, on séduit, on ouvre des amitiés en quelques secondes, sans se poser de questions, sans crainte, sans suspicion. Ce qui n'empêche pas que l'on passe son temps, dans un brouhaha continu, à douter de ses codétenues et à supputer que les unes sont des mouchardes ou des coucheuses, que les autres font de l'argent ou s'imaginent des maladies pour qu'on parle d'elles, ou encore se sont fait emprisonner pour que leurs enfants puissent partir en Occident ou sont devenues opposantes pour y trouver elles-mêmes refuge ultérieurement, etc.

La liste des accusations est infinie dans une petite communauté séquestrée et recroquevillée sur elle-même, soumise à une triple dépendance. Dépendance par rapport à l'institution juridique, maîtresse de la sentence. Dépendance par rapport au personnel pénitentiaire, qui filtre les relations avec l'extérieur. Dépendance matérielle et psychologique par rapport à sa famille, dont la survie des détenues au quotidien est tributaire.

Ce premier soir de mon arrivée, Sepideh avait fait mon lit avec des draps qu'on trouve dans la réserve, certes usés mais très utiles, laissés par les anciennes codétenues, lavés et rangés grâce aux bons soins notamment de Zahra, la Moudjahidine du peuple, mais aussi des *vakil band*. Étant en grève de la faim, je me glissai dedans sans vraiment avoir réalisé ce qui s'était passé dans la salle numéro 3, ni la longue négociation entre cinq femmes, dont Nasrin, Sepideh et Niloufar, qui n'avaient pas pu débloquer la situation.

Le réveil fut magique après neuf mois de mise au secret, dans des cellules de 6 mètres carrés, puis de 10, dont on ne pouvait sortir que les yeux bandés. Neuf mois pendant lesquels les échanges avec autrui étaient pour ainsi dire limités aux gardiennes et aux interrogateurs. Il était environ 7 heures du matin. S'ouvrait devant mes yeux tout un possible à regarder et traverser. En pleine lumière. Tout le monde dormait encore. De vraies fenêtres sans rideaux ni plaques métalliques pour les occulter, avec de simples barreaux identiques à ceux que l'on voit sur les fenêtres du premier étage dans les maisons individuelles du pays. Les fenêtres de la salle 2 étaient orientées au nord-ouest. Le soleil rentrera dans le *band* vers midi. Quand je parle de fenêtres, il faut savoir qu'elles sont situées à 2 mètres, voire davantage, au-dessus du sol, font 1 mètre de hauteur et se succèdent sur une longueur de 60 à 70 mètres environ, en allant de la remise des produits frais à la salle 3. Autant dire que c'est une prison toute en fenêtres. Je vois immédiatement les petites collines, en face. Elles seront vertes dans quelques mois.

Je descends doucement pour ne pas déranger ma voisine du lit inférieur – un lit à baldaquin en quelque sorte. Étudiante, militante au service des droits des ouvriers et surtout de la lutte contre la ségrégation de genre, je la découvrirai plus tard en train de lire *Le Capital* de Marx dans le groupe dit des gauchistes.

Je décide de sortir dans la cour sans regarder les autres dortoirs du premier étage. Avant de descendre l'escalier, je vois néanmoins sur ma gauche l'enfilade de trois espaces exigus, séparés par des murets d'environ 1,20 mètre de hauteur. Tout d'abord l'espace de prière, avec trois rangées de livres religieux de toutes confessions, y compris celle des bahaïes. Un espace de prière dont le sol est recouvert d'un tapis et qui est pourvu d'une grande table en plastique avec une nappe en dentelle blanche – elle sera remplacée par une jolie nappe bleue pour Norouz –, destinée à celles d'entre nous qui ne peuvent plier les genoux et s'accroupir. Le mur gauche de la salle de prière est décoré d'une immense affiche de paysage asiatique verdoyant. Son espace restreint permet néanmoins à six ou sept détenues de s'y retrouver, souvent pour tchatcher, médire, lire – au grand dam des détenues désireuses de prier et de réserver le lieu à cet usage, notamment de la bahaïe qui le préemptait chaque soir à 9 heures pour y élever sa voix magnifique.

Ensuite, un espace de réunion, tout aussi petit, doté d'une table ronde pour cinq ou six personnes et pourvu d'un écran d'ordinateur. Enfin, derrière un autre muret, un troisième espace avec un autre écran d'ordinateur et des rangées de livres, essentiellement destinés à l'apprentissage de langues étrangères, ainsi que des DVD. C'est dans cet espace que je visionnerai *Game of Thrones*, *Breaking Bad*, *Queens*, *Sherlock Holmes*, des adaptations des romans d'Agatha Christie, ou encore *The Spy* (*l'histoire vraie de l'espion israélien Eli Cohen*) – ce dernier film a été d'autant plus discuté que plusieurs d'entre nous étaient accusées d'avoir des liens avec le Mossad ! Certains de ces DVD étaient en V.O., entrés en Iran en contrebande et ayant échappé à la censure, d'autres étaient sous-titrés en persan. Comme je l'ai déjà écrit, je n'ai jamais cru à cette histoire de contrebande. Nous étions en permanence sous l'œil des caméras de vidéosurveillance ! Comment aurions-nous pu échapper à la vigilance des gardiennes ? En attendant, nous faisions tout pour cacher aux unes et aux autres la provenance de ces films censurés et priver certaines détenues d'y avoir accès.

J'apprendrai plus tard que ce dernier espace était surnommé *the End of the Line* (*Akhar-e Khat*), car malgré la présence d'une porte qui donnait sur une quatrième salle, on ne pouvait pas aller au-delà. Cette salle qui nous était interdite était occupée par des femmes kurdes, de quinze à vingt, que certaines qualifiaient de *Daeshi* – de militantes de Daesh. Des femmes sunnites dont les maris étaient supposés combattre en Irak, à moins qu'ils n'aient été tués au front. Néanmoins, elles ne me semblaient pas être toutes mariées (ou veuves). Elles vivaient à deux pas de nous, certaines avec leurs enfants, y compris des tout-petits, qu'elles gardaient avec elles jusqu'à l'âge de l'école, et qu'elles confiaient alors à leur famille, à l'extérieur, sans que l'on sache où exactement. Les communications avec elles étaient interdites, et donc des plus limitées. Elles passaient devant nous pour aller dans la cour, deux fois par jour. Elles y restaient une heure pendant laquelle nous ne pouvions accéder à cette dernière. Par ailleurs, l'obstacle de la langue ne facilitait pas les choses. Je les voyais souvent à la clinique. Elles y venaient en groupe, enveloppées de leur tchador fleuri selon la tradition iranienne, et elles se montraient très respectueuses des normes religieuses, comme on le dit souvent des sunnites. Avant de rejoindre le quartier des femmes, quand j'étais encore en détention provisoire et que je les rencontrais à la clinique, je croyais qu'elles étaient Moudjahidines du peuple. Je me faisais une idée bien traditionnelle des sympathisantes de cette organisation ! Certaines de mes codétenues choyaient leurs enfants, en particulier Gandom, une royaliste avec laquelle j'avais sympathisé. Elle les prenait souvent dans les bras, leur apportait des friandises, leur offrait des cadeaux.

Et un beau jour on les a vues partir. Un matin, les gardes sont venues tôt pour fermer la porte vitrée de notre unité, composée des trois salles attenantes, et elles nous ont demandé d'y rester, le temps de l'évacuation des Kurdes. Celles-ci étaient déjà prêtes, avec leurs nombreux sacs en plastique noir, sans doute averties de leur transfert, mais elles ne nous en avaient pas prévenues. On a assisté à leur départ comme à un défilé. Elles passaient les unes derrière les autres, souriantes avec leurs enfants, la tête penchée vers nous, derrière la porte vitrée, se succédant, et nous regardant en agitant les mains, en envoyant des baisers. Certaines marquaient un bref temps d'arrêt, les larmes aux yeux. De notre côté, des détenues criaient de joie et leur envoyaient en retour des bises, parfois à peine réveillées, ébahies, un sourire énigmatique aux lèvres. D'habitude personne n'avait le droit de faire du bruit avant 9 heures du matin. Mais l'horaire du départ d'Evin, pour qui que ce soit, n'est pas une heure comme les autres. Nous avons même entonné un hymne, comme le veut la tradition quand des femmes quittent le centre pénitentiaire. Il paraît que ces prisonnières y étaient restées trois ans. Nous n'avons plus jamais entendu parler d'elles. Sont-elles retournées au Kurdistan, dans l'anonymat le plus complet, comme elles étaient entrées à Evin ?

La salle des Kurdes sera rénovée et sa peinture rafraîchie pour accueillir les dix-neuf prisonnières de Qarchak : en particulier Alieh Motalleb Zadeh, Bahareh Hedayat, Marzieh Oskoui, Nargues Mohammadi, Mahnaz Tarrah, Vida Rabbani, Forough Taghipour, Nouchine Jafari, Saba Kordafshari dont la mère se trouvait déjà à Evin, Zahra Safai et sa fille Parastou Moini, dont le père vit dans le camp des Moudjahidines du peuple en Albanie.

Le fait est qu'après avoir longuement plaidé pour la dispersion dans tout le pays des prisonnières politiques, la République islamique finira par les regrouper à Evin. Il n'empêche que durant ma détention, cette communauté des *Qarchaki* sera gérée de manière distincte et gardera son autonomie, y compris dans ses relations avec l'administration, par l'intermédiaire de sa propre *vakil band*. Être prisonnière politique ne prémunit pas contre l'appétit de pouvoir et toute tentation de le monopoliser…

Je reviens sur mes pas et je tourne pour descendre les escaliers et aller au rez-de-chaussée. J'arrive à une grille, fermée. Je reste devant. Sepideh m'avait dit qu'on l'ouvrait à 7 heures. Je regarde les étagères où sont disposées chaussures et pantoufles. Soudain j'entends un bruit de clefs. Une gardienne approche, une femme d'une cinquantaine d'années, portant un voile d'intérieur. Me voyant, elle me demande si je viens d'arriver. Je la salue en souriant et acquiesce. Elle me laisse sortir. Je tourne à droite, laissant sur ma gauche les bureaux et les dortoirs des gardiennes. Tout est ouvert devant moi. Je me laisse guider par mes pas. Je repère un téléphone apposé au mur (un deuxième sera ultérieurement installé). Je pénètre dans la salle de gym, je la traverse dans sa longueur – de 30 à 40 mètres. Sur la gauche, une dizaine de séchoirs à linge pliables, portant chacun un nom ou des initiales. Au centre, une table de ping-pong et des tables de coupe, plus loin, sur la droite et avant la porte qui donne sur la cour, une machine à coudre, des étagères avec des casiers ou des chaussures de sport.

Et enfin j'arrive dans la cour, splendide dans sa lumière d'hiver sur les collines d'Evin, au-delà des hauts murs de la prison qui se dressent devant et tout autour de moi. Ces collines des escapades de ma jeunesse que je contemple avec nostalgie. La cour est grande comme un terrain de volley-ball – il y a d'ailleurs un filet en son milieu. Sur la gauche, une haie, essentiellement de rosiers dont les fleurs sont magnifiques au printemps et se dressent fièrement vers le ciel. J'apprendrai plus tard qu'Eli les avait commandés avec insistance à l'administration, laquelle avait finalement cédé et nous apportait même de la bonne terre pour enrichir le sol et des pots de plantes d'intérieur pour le bâtiment. Je verrai aussi des détenues revenant de la clinique avec de très belles plantes. Quand je les interrogerai sur l'origine de ces dernières, elles me diront qu'elles s'étaient extasiées sur elles et qu'un garde ou une gardienne les leur avait données. Je voyais aussi des géraniums, sans fleurs – nous étions début janvier –, couvrir le sol, des narcisses (*nargues*) – on disait à Evin que c'étaient les fleurs de Nargues Mohammadi qui avait été transférée dans une certaine précipitation, deux semaines avant mon arrivée dans le quartier des femmes, à Zanjan, pour rétablir l'ordre et calmer les tensions au sein du *band*, murmurait-on.

Le petit jardin est propre, soigné, grâce aux soins d'Eli qui a la main verte – je la surnommerai Eli Goli, Eli la Fleur. Celle-ci en avait fait son domaine, interdisant aux autres détenues de toucher aux plantations et même aux plantes de l'intérieur. Originaire de Shiraz, femme d'un diplomate de l'époque de Moussavi et de Rafsandjani, Eli vivait à Chypre lors de son arrestation et de sa condamnation à dix ans de prison pour espionnage et détournement de fonds et à la restitution en dollars des sommes litigieuses. Son mari, lui, avait été libéré après un an de prison et avait quitté le pays sans y revenir. Je pense qu'Eli rembourse pour le couple les fonds réclamés par les autorités…

Une fois par semaine, elle monte sur un petit escabeau pour accéder aux plantes posées sur la bordure des fenêtres tout le long des salles, et il y en a un bon nombre – je ne les ai malheureusement pas comptées pour vous en donner une idée exacte, mais sachez que les *Hosne Yousuf* d'Eli (*Solenostemon scutellaroides)* étaient sans pareilles. En dehors des fleurs, Eli avait deux autres passions : le sport et la cuisine. Elle s'y appliquait avec la même persévérance, le même acharnement, le même enthousiasme. Elle partageait sa table avec Maryam, une Moudjahidine du peuple. Toutes deux avaient des assiettes, des couverts, des ustensiles hors du commun des prisonnières qui faisaient des envieuses. En détention, on a envie de briller et de se distinguer, sans doute pour pallier la morosité de l'attente, mais peut-être aussi pour se faire une place aux côtés des autres. La pauvreté est discriminante à Evin, encore plus qu'ailleurs.

Je marche un peu dans cette cour qui s'offre à moi et je vois deux codétenues arriver. On se salue et elles se mettent à courir et à faire de la gym, chacune de leur côté. Je reste un bref moment encore, le temps de remarquer les murs très hauts, de 5 à 6 mètres, une porte de maison normale, vert gazon, ou peut-être brune ?, bien cadenassée, située à 4 mètres du sol ! Que fais-tu là, si haut, ô Porte toujours prête à recevoir et à laisser le passage ? Toi qui es faite pour rendre possible la transgression ? Peut-être une œuvre artistique, me dis-je. Une porte qui exhibe son cadenas, dans une prison, située à 4 mètres du sol ! Remplit-elle une fonction symbolique en nous rappelant que nous sommes enfermées ? Rien n'aurait pu être aussi efficace…

Je vais rentrer et je retraverse tous ces lieux pour remonter d'où je viens. Je découvre sur mon passage, en regardant un peu plus attentivement, des listes collées un peu partout, à des endroits stratégiques, mentionnant le calendrier du ménage, du nettoyage des sanitaires, des tours de téléphone, de l'usage du lave-linge. Oui, en effet. Car j'apprendrai vite que le souci de la propreté, comme signe de distinction, va de pair avec la crainte, un peu fantasmatique, des maladies virales. Y contribuent les récits des anciennes, ou même des gardes qui nous disaient pis que pendre du manque d'hygiène dans le quartier des femmes. L'une des prisonnières me racontera que deux fois, transférée dans le *band*, elle avait exigé de retourner dans l'aile des gardiens de la révolution en signant une décharge. Après quatre cent douze jours de mise au secret dans cette dernière, sous la pression de sa famille, elle a pris son courage à deux mains et accepté de rejoindre le *band*.

Le protocole régissant l'usage de la machine à laver est révélateur de cette obsession hygiéniste. La détenue n'est pas autorisée à la mettre elle-même en route. Elle est censée y déposer ses habits la veille au soir, lorsque vient son tour. La responsable de la machine désignée par la *vakil band* se charge de la déclencher à son réveil en ajoutant le détergent en poudre fourni par l'administration pénitentiaire, ou le liquide fourni par la détenue elle-même si elle le préfère. Avant cette opération, la responsable de la machine vérifie, outre le poids du linge, sa composition pour s'assurer qu'il ne comprend pas de sous-vêtements, notamment de slips. Autre norme à respecter : on peut laver sa couverture, mais jamais avec le drap qui alourdirait la machine en retenant l'eau. Autant de sujets de dispute et de tensions quand une détenue n'a pas respecté ces consignes et quand la responsable rend publics les noms des récalcitrantes. Sans compter les prisonnières qui trichent et mettent dans la machine à laver le linge du liquide vaisselle, fourni gratuitement par l'administration.

Sur ma route matinale, je découvre plusieurs listes de fonctions et de responsables. J'apprendrai plus tard que les listes des responsabilités et de ceux qui en sont titulaires évoluent avec le temps, et de *vakil band* en *vakil band*. Comme s'il s'agissait de leur cabinet ! Je constaterai aussi qu'il y a des responsables de tout et de rien. L'idée est sans doute d'intégrer un maximum de détenues dans la gestion du lieu et le vivre-ensemble. Pour éviter d'être marginalisée, on se choisit un clan et on dénigre les autres.

C'est ainsi que je me retrouverai responsable de la distribution des denrées telles que les céréales (dont le riz) ou le sel. Mon rôle consistait à aller les chercher dans un local au rez-de-chaussée où on nous les remettait comme dans une épicerie, à les remonter dans la cuisine, à les mettre dans des bocaux et à les disposer sur les étagères, à portée de main des détenues.

Puis je suis devenue la responsable de la bibliothèque tout en voulant garder ma fonction de distributrice des vivres. Âgée de 60 ans, j'étais exemptée de ménage. Néanmoins, j'avais obtenu de la *vakil band* l'autorisation de nettoyer la cuisine, pour faire un peu comme tout le monde, et sans doute aussi pour m'intégrer au groupe des codétenues après ma grève de la faim qui m'avait isolée des autres. Je voulais ressembler aux autres. En prison, haut lieu de conformisme, on veut être comme les autres ! Lors de Norouz – le moment du grand ménage annuel[1] –, je tenais ainsi à en faire autant que tout le monde.

1. Il est de coutume, lors du Nouvel An (Norouz), le 20 ou 21 mars, suivant les années, de procéder au grand ménage des habitations.

Autre fonction convoitée, la gestion de l'espace dit Tanakora, du nom des marchés de seconde main en Iran – l'équivalent des puces ou des vide-greniers en France, ou encore des magasins *vintage* – qu'a popularisé la série télévisée japonaise *Oshin*, dont le succès fut phénoménal à la fin des années 1980, au point de créer d'énormes embouteillages à Téhéran dans les minutes précédant sa diffusion, chacun voulant arriver à temps à son domicile. Les marchés dits Tanakora revendent généralement de la friperie, don d'organisations humanitaires internationales, importée en contrebande d'Afghanistan et du Kurdistan irakien. Le Tanakora d'Evin stocke les habits que les détenues libérées ont laissés derrière elles ou dont les prisonnières n'ont plus l'usage. On les donne aux nouvelles arrivées en attendant que leur famille puisse les visiter et leur apporter leurs propres vêtements. Ces habits de seconde main sont souvent convoités, voire jalousés. On se montre du doigt les prisonnières qui portent ceux de telle ou telle ancienne détenue ou qui ont omis de restituer ceux qui leur avaient été prêtés, ou encore celles qui ont accaparé la réserve.

Autant dire que la fonction de gestionnaire du Tanakora peut être très recherchée. Une détenue est parvenue à la conserver pendant un an, tout au long de deux mandats différents de *vakil band*, protestant haut et fort quand on voulait la lui retirer pour assurer la rotation normale des responsabilités. C'est qu'elle y faisait elle-même son marché ! En voyant le nombre de ses sacs en plastique, les gardiens ricanèrent sur la dot qu'elle devait transporter lorsqu'elle quitta Evin… Elle était très solitaire, ayant rompu avec son groupe d'origine, celui des royalistes. Elle subissait de fréquents changements de sentence et s'inventait des origines aussi diversifiées que, ma foi, peu crédibles, allant de Shiraz à Mashhad en passant par les régions côtières de la Caspienne. Jusqu'au jour où elle parla de son méchant mari afghan qui aurait emmené sa fille avec lui. De fait, elle connaissait bien l'Afghanistan. Cette confidence soudaine me fit comprendre qu'elle dissimulait son origine afghane tant celle-ci fait l'objet d'une stigmatisation en Iran. Elle avait des relations très conflictuelles avec l'une de ses anciennes codétenues royalistes qui se soldaient régulièrement par des cris et parfois par de véritables crêpages de chignon. Tant et si bien que l'on préférait qu'elle continue à s'occuper de son Tanakora plutôt que de polluer l'ambiance du *band*.

Ce premier matin, la majorité des prisonnières dort encore quand je remonte et découvre les magnifiques rangées de livres, disposés par thèmes : histoire ; littérature persane ; romans russes, français, allemands, américains ; mythologie ; philosophie ; sciences sociales. Je me demande si j'ai vraiment des raisons de me plaindre de cette détention qui est encore provisoire, après mon transfert de l'aile des gardiens de la révolution au *band* (ma sentence ne sera rendue publique qu'en mai). Je puis maintenant jouir de la lumière du ciel et de celle de la lecture, et j'ai des amies que je n'aurais jamais eues ailleurs qu'à Evin, dont certaines célèbres, comme Nazanin

Zaghari-Ratcliffe, Nasrin Sotoudeh, Aras Amiri, Hengameh Shahidi.

Mes nouvelles compagnes se réveillent au compte-gouttes. La plupart d'entre elles émergent de leur lit en portant leurs vêtements de jour, certaines une chemise de nuit. Les premières debout sont les Moudjahidines du peuple, habituées qu'elles ont été à se lever avec la prière du petit matin à certaines saisons de l'année. Ironie de l'histoire, ce sont bien elles, les ennemies jurées de la République islamique, qui respectent le plus scrupuleusement les normes religieuses prônées par le régime – les prières quotidiennes, la lecture du Coran et le calendrier saint –, le Ramadan, la commémoration du deuil de Moharram. Qui se ressemble ne s'assemble pas toujours ! Mais il ne faut pas oublier que les Moudjahidines du peuple ont apporté leur soutien à l'imam Khomeyni, l'entouraient et lui rendaient visite à l'école Refah à son retour en Iran, avant de rompre avec son gouvernement (ou d'être exclus du jeu et lourdement réprimés par celui-ci) après la révolution.

Du fait de leur ancienneté et peut-être de leur éducation militante, nous nous tournions vers elles pour nous informer de nos droits et des règlements. Fatemeh avait une très belle voix en lisant le Coran – elle le récitait un peu comme ma mère, bien qu'elle fût plus jeune que moi. La moins âgée des trois Moudjahidines du peuple, Maryam, ne faisait pas ses prières et pourtant c'était son portrait qui apparaissait en fond d'écran sur la chaîne de l'organisation, Sima, lors des informations du soir.

La journée des détenues commençait pour les unes avec le sport ou la promenade dans la cour, pour les autres par le petit déjeuner que l'on prenait sur la table de son loft et que l'on partageait à trois ou quatre, voire plus selon la disposition de chacune des salles et du nombre des détenues qui y dormaient. Par ailleurs, certaines d'entre nous ne supportaient guère la présence de leurs cothurnes et préféraient aller retrouver des amies dans l'une des deux autres salles. Nous changions souvent l'agencement et la décoration des lofts, en fonction des goûts et des besoins de leurs occupantes.

D'autres détenues préféraient commencer la journée par une douche. Ce n'était qu'à 9 heures que nous avions le droit d'accéder à la cuisine et de commencer à circuler dans le *band* tout en faisant attention à ne pas réveiller les dernières dormeuses. Très vite, tout le monde se met en mouvement, monte, descend. L'interphone, technologie indocile du *band* qu'il faut réparer au moins une fois par semaine sans qu'il fonctionne jamais très bien, se met à sonner pour appeler telle ou telle. Parfois on prend soi-même le message pour le transmettre, mais cela se fait rarement, pour respecter l'intimité des détenues. Les unes sont appelées pour se rendre à la clinique, les autres au tribunal ou rencontrer leur avocat, ou encore pour aller consulter à l'extérieur de la prison. D'autres doivent descendre au rez-de-chaussée pour prendre leurs médicaments sous la surveillance des gardiennes. Le soir les remèdes sont à nouveau distribués, mais c'est une gardienne qui monte pour contrôler leur prise, chaque détenue étant censée s'être munie d'un verre d'eau et ingérer les pilules sous son regard. En effet, certaines prisonnières prennent des doses de cheval pour se droguer.

Après leur petit déjeuner les détenues se dispersent pour se livrer à leurs activités personnelles en fonction de leur formation ou de leurs préoccupations. En fait, une constante d'Evin est que l'on y tricote comme nulle part ailleurs bien que beaucoup affirment ne l'avoir jamais fait auparavant. Quoi qu'il en soit, le matin, la plupart des prisonnières vont tisser des kilims, ou encore travailler le bois ou le cuir dans les ateliers. D'autres se réunissent pour des séances de formation en groupe, notamment pour apprendre des langues étrangères, principalement l'anglais. Aras présidait à cette activité – une adepte de Heidegger, qui avait achevé son master sur « Art et liberté » durant sa détention. Après son acquittement Niloufar a pris la relève. Toutes deux étaient très patientes et professionnelles. Zahra était sans doute l'élève la plus assidue et scrupuleuse. J'organiserai quant à moi un stage d'apprentissage du français. À midi, les détenues se rassemblent à nouveau dans la salle 1 pour déjeuner par groupes de deux ou quatre, parfois plus – les repas étant préparés par une ou deux d'entre elles, par roulement, tout comme la vaisselle. Pendant le repas elles regardent à la télévision les informations de la mi-journée, non sans tensions et disputes qu'alimentent les commentaires, au point que le journal devient parfois inaudible. Il est surprenant que dans une prison politique on ne puisse parler politique sans que cela dégénère en conflits souvent incontrôlables.

Avec la fin des infos télévisées débute la sieste – en tout cas l'observance du silence de l'après-midi, de 14 h 30 à 17 heures, sauf le dimanche, jour de visites, où la période de silence ne commence qu'à 15 h 30. Celles qui ne font pas la sieste quittent les dortoirs dans lesquels on ne peut que chuchoter. Elles se dispersent à nouveau dans le *band*, qui pour lire, qui pour reprendre les cours de langue, qui pour bavarder tout simplement. À 17 heures commencent d'autres activités, collectives. Notamment la musique dans la salle de gym, avec le rythme endiablé de la zumba (c'est-à-dire de la rumba), tous les jours, sauf le dimanche. Les danseuses se montrent particulièrement énergiques, arborent des vêtements très colorés dont les décolletés sont volontiers saisissants. Certaines prisonnières pratiquent le yoga, sous la direction de l'une d'entre elles, Aras, tant qu'elle est encore là. D'autres reprennent des activités sportives – par exemple, deux fois par semaine, le volley-ball entre deux équipes que soutiennent de leurs cris leurs supportrices respectives.

L'arrivée dans le *band*, en septembre 2022, de Faezeh Hachemi, militante sans doute pas si féministe que cela, mais très engagée contre la ségrégation des genres et pour la participation des femmes à l'espace public, la fille de l'ancien président de la République Rafsandjani, l'un des principaux hommes forts du régime depuis la révolution, nous fit changer d'envergure. Faezeh s'y connaissait en matière de sport puisqu'elle était elle-même une excellente cavalière de stature olympique et avait créé les Jeux olympiques féminins des pays musulmans, en 1993, avant de les voir annulés, sous Ahmadinejad, en 2010, au moment où l'on en préparait la cinquième édition. Elle nous invita à pratiquer le ping-pong et, avec son énergie et son professionnalisme habituels, elle nous fit organiser un championnat que je lui proposai de nommer la Coupe des Sans-Coupe. Pendant plus de trois semaines nous la préparâmes en nous soumettant à ses règles, en particulier à ses tirages au sort pour constituer les équipes dans le respect de la procédure. Les *Qarchaki* se sont durement affrontées au groupe des détenues d'Evin, à grand renfort d'encouragements vocaux, de bruits de casseroles et de couvercles en métal de la part de leurs sympathisantes. Rochanak, une jeune qui nous avait rejointes avec la répression du mouvement « Femme, vie, liberté », était imbattable dans l'invention et la répétition des slogans à scander pendant la compétition. Quelques joueuses, Sepideh en tête, n'ont pas manqué d'imiter les grands tournois de boxe américains, avec coachs, habits colorés et grandes gesticulations des vainqueurs, cris et rires étant au rendez-vous. De l'avis de toutes, on ne s'était jamais autant amusées que lors de cette compétition qu'a finalement remportée Zahra, la Moudjahidine du peuple, au jeu moins spectaculaire que classique. À la demande de Faezeh, les sculptrices de bois, Zahra en tête, ont fait une médaille pour toutes les joueuses, histoire de dire que l'essentiel était non de gagner mais de participer.

Un autre temps fort de notre vie collective était les réunions-débats autour d'une personne ou d'un thème. J'en avais pris la responsabilité à mon retour à Evin, jusqu'au jour où un mot de l'administration m'a intimé l'ordre d'arrêter. On ne se bat pas avec l'administration, et on ne lui demande pas d'explications ! Au grand jamais ! J'ai suspendu les réunions pendant quinze jours, puis les ai déplacées au vendredi en les nommant les *Joma'at* (pluriel de *joma*, vendredi). Le terme est arabe et suscita la critique d'une codétenue. Je me tournai vers elle et lui demandai de le répéter. Elle le fit, en se forçant un peu. Et moi de lui dire : N'est-ce pas que c'est beau ! Et nous éclatâmes de rire. J'avais mobilisé pas mal de détenues autour de ces réunions. L'ambiance était magnifique. Royalistes, bahaïes, Moudjahidines, jeunes et moins jeunes prenaient la parole pour partager leurs expériences de lutte et de vie. Seule Nargues Mohammadi, futur prix Nobel de la paix, s'en tenait à l'écart. Elle ne déclinait jamais l'invitation à prendre la parole mais, le jour venu, elle ne se sentait pas bien, me contraignant à trouver au pied levé une autre intervenante. La meilleure séance que j'ai organisée fut sans doute celle qu'anima Bahareh Hedayat. Elle nous expliqua le sacrifice de soi des militants en République islamique, pas seulement des marxistes-léninistes de ma jeunesse, mais aussi des doctrinaires de la gauche islamiste du Bureau du renforcement de l'unité, le berceau du mouvement réformateur. Un autre beau moment fut la prise de parole de Nargues Adib, une littéraire, ancienne speakerine de la radio sous le Shah, qui reconnut immédiatement le poème d'Éluard dont je ne me rappelais que le dernier vers. Je me souviens aussi d'Elnaz Eslami qui parlait avec simplicité de son ancien travail de vendeuse dans le métro, de Guelareh Abbasi et de sa maladie – son addiction. Encore aujourd'hui, j'ai de la peine à retenir mes larmes en pensant à elles. Niloufar Bayani, l'environnementaliste, a pris des notes tout au long de ces réunions, en bonne universitaire, en espérant pouvoir les exploiter un jour.

Le soir, beaucoup d'entre nous dînaient en regardant les informations, à 20 h 30. Après le repas venait le temps des cinéphiles. Soit nous nous retrouvions dans une salle pour visionner un film choisi en commun. Soit nous en regardions un en petit groupe sur l'écran d'un ordinateur, chacune avec son oreillette achetée à prix d'or en cachette, par l'intermédiaire d'une des formatrices agréées qui passaient régulièrement. Comme quoi, Evin, avec son économie politique de l'intermédiation, ses *dallal*, ses petits trafics de cassettes vidéo (ou de pantoufles orthopédiques, très prisées !) et son accaparement personnel et lucratif de l'humanitaire est bien le reflet de la société iranienne dans son ensemble.

Evin : entre don, vol, accaparement et abnégation

Evin a beau d'être une prison dans laquelle on vit recluse, elle abrite, comme vous avez pu le remarquer, toute une vie sociale, pour le meilleur et pour le pire. Par ailleurs les détenues sont en permanence en relation avec le monde extérieur, de manière directe ou indirecte, et un brouhaha de nouvelles circule de l'une à l'autre, par le biais des arrivées, des permissions de sortie, du courrier, des conversations téléphoniques autorisées six jours sur sept, des visites familiales hebdomadaires (ou mensuelles avec les conjoints), des consultations médicales à la clinique ou en ville, des visites régulières du quartier des femmes par les autorités pénitentiaires, des convocations judiciaires, ou encore – pour les détenues qui en ont un – des rencontres avec leur avocat. En outre, une fois par semaine, et en dehors même des petits trafics sous le manteau entre l'épicière et les prisonnières, le *band* s'ouvre aux produits frais commandés par les détenues, qu'elles payent au moyen d'une carte bancaire dont l'usage est réservé à Evin et que les familles – tout au moins celles qui en ont les moyens – approvisionnent régulièrement. Une fois par semaine, également, on peut envoyer à sa famille les objets artisanaux confectionnés dans la prison, éventuellement en vue de les vendre. Quatre fois par an, les prisonnières peuvent recevoir de leur famille des effets personnels, tels que des vêtements ou des couvertures, et deux fois par an on peut commander sur des listes des produits cosmétiques, particulièrement convoités. Bref – et sans même parler des permissions de sortie –, la prison est faite de portes fermées, mais aussi de portes ouvertes, ne serait-ce que par intermittence.

Les détenues demeurent donc des êtres-en-société (*adam-e edjtemai*) qui se soucient de leur apparence, de leur renommée, de leur postérité, fût-ce au prix de la compétition sociale, de la médisance et de la destruction de la réputation d'autrui. On marque son territoire en affichant, voire en gravant son nom sur tout ce que l'on peut, vêtements, pantoufles, CD, DVD, livres – y compris, parfois, ceux de la bibliothèque bien que l'on n'en soit pas propriétaire ! Et on passe aussi son temps à effacer le nom des autres, par pure malveillance, et à ne parler que de certaines prisonnières pour mieux mettre en sourdine d'autres d'entre elles.

Ainsi, nulle n'évoquait trop Faezeh Hachemi, sinon pour rappeler qu'elle avait déjà été incarcérée en 2010, lors des arrestations massives de responsables sympathisants du Mouvement vert, tandis que d'autres militantes étaient constamment célébrées. C'est qu'elle faisait de l'ombre, par sa réputation et son expérience, à bien d'autres prisonnières, à commencer par les *vakil band* et les militantes les plus en vue. De plus, elle ne faisait pas que parler. Ses démarches, ses lettres étaient souvent suivies d'effet, sans doute parce que l'administration pénitentiaire avait du mal à repousser ses demandes, juridiquement fondées. Elle mettait son entregent, son carnet d'adresses, son savoir juridique et administratif et son capital politique au service des autres en multipliant les courriers et les interventions en leur faveur. Elle retrouvait les documents utiles, tels que le règlement intérieur de la prison. Elle recueillait les besoins du *band* et mobilisait qui, à l'extérieur, pouvait accéder à ses attentes. C'est ainsi que je lui fis valoir la nécessité d'obtenir de nouvelles étagères pour la bibliothèque. Elle en passa immédiatement commande, même si la lenteur administrative ne m'a pas permis de les réceptionner avant que je sois libérée.

J'ai vu aussi comment elle soutint, en toute transparence, ma candidature à la fonction de *vakil band*. Nous nous appréciions, et j'entendais dire, avec plein de sous-entendus venimeux, que « Fariba est très contente depuis que Faezeh est arrivée ! », une façon comme une autre de m'assigner à un camp ou tout simplement d'essayer de me déstabiliser, alors que j'estimais en elle l'énergie d'une femme indépendante sachant se mettre au service de la collectivité. On jasait également sur le fait que sa famille la visitait d'autres jours que le dimanche et qu'elle recevait sans limites apparentes des colis en dehors des règles habituelles. Mais elle était loin d'être la seule à bénéficier d'un traitement d'exception.

J'ai vite appris, après mon arrivée à Evin, que notre environnement matériel devait beaucoup aux dons que des personnes de l'extérieur avaient effectués ou obtenus d'autres personnes. L'institution pénitentiaire, malgré ses lourdeurs bureaucratiques, a reconnu et facilité ces donations, tout en s'efforçant de démontrer qu'elle était elle-même imbattable dans ce domaine. Ziyai, l'administrateur d'Evin, était venu lui-même nous offrir des gâteaux pour la Journée de la femme qui, en Iran, coïncide avec l'anniversaire de la fille du Prophète. Et il avait saisi cette occasion pour offrir à toutes les détenues – et non pas aux gardiennes, qui lui en ont voulu – des pantoufles médicales, particulièrement prisées – certaines prisonnières les emporteraient chez elles à leur libération.

Nous l'avons vu, la plupart de notre mobilier et de nos équipements provenaient de tels dons. Ce qui n'allait pas sans conflits dans leur utilisation. Certaines bahaïes ne voulaient même pas que l'on dépose des aliments sur leurs deux petits frigidaires qui, placés côte à côte, pouvaient faire office de plan de travail, bien utile pour préparer les repas. Maryam, une Moudjahidine du peuple condamnée à quinze ans de prison, s'était acheté son propre frigidaire qu'elle se réservait, et à sa libération elle l'a laissé à la disposition du *band* sans en faire un bien de mainmorte (*waqf*) destiné à un usage ou à une bénéficiaire précis. Les dépenses collectives, par exemple pour la réparation d'un appareil ou l'achat en commun d'un équipement ou de marchandises, créaient des tensions entre des détenues qui ne pouvaient ou ne voulaient pas cotiser et les autres qui y étaient prêtes. Une manière d'en sortir était que l'une d'entre nous, qui en avait les moyens, prenne à sa charge l'opération.

Il était également courant que nous partagions un repas offert par une détenue ou une communauté de détenues – par exemple celle des bahaïes ou des derviches. Nous passions alors la commande à la cuisine centrale d'Evin, qui nous livrait de grandes marmites. Je me souviens de mon premier Norouz à Evin. Les bahaïes nous ont offert un *abgousht*, une sorte de ragoût au jus allongé, plutôt un repas de pauvre, un peu comme le pot-au-feu en France, une soupe de viande de mouton, de pois chiches, de tomates et d'oignons, mais en l'occurrence déclinée en trois versions pour permettre à chacune de le déguster selon ses goûts et régime : un *abgousht* avec viande, un végétarien, et un entre les deux, c'est-à-dire sans la graisse de mouton qui traditionnellement fait partie de la recette. Bref, une véritable « invention de la tradition » sur le mode diététique !

Pour ces repas collectifs, quelques-unes se chargent de l'agencement des tables et des chaises qu'elles collectent pour les réunir dans la salle 1. Je me souviens qu'il y avait deux rangées de tables, et beaucoup de convives que je ne connaissais pas encore. Je n'avais pas de bol pour l'*abgousht* et j'ai dû me passer de son jus… Je ne disposais pas non plus de fourchette ni de cuillère, il n'y en avait plus pour moi – du moins pas en apparence. Car il y en avait beaucoup sous les lits, dans les effets personnels ou appartenant à des détenues en congé ou en déplacement, et que l'on évitait de prêter et de partager. J'avais quant à moi reçu, comme cela se fait habituellement, une cuillère à mon arrivée, mais je l'avais laissée près de l'évier après l'avoir lavée et elle avait disparu (en outre, pour tout vous dire, il n'est pas si facile que cela de manger avec une cuillère après une cinquantaine d'années passées en France...). On ne cessait de marquer ses ustensiles avec du vernis à ongles, mais rien à faire, c'était comme s'ils s'évaporaient. Pour éviter d'avoir à en emprunter, j'en avais commandé trois exemplaires à l'épicerie mais ils n'étaient pas encore arrivés.

Quoi qu'il en soit, à peine sortie de ma grève de la faim, je n'avais pas vraiment envie de manger et je me suis débrouillée avec du pain. Puis je suis sortie dans la cour pour fuir le brouhaha et, à ma grande surprise, j'y ai retrouvé trois détenues. Comme je m'étonnais qu'elles ne soient pas en haut à partager l'*abgousht*, elles m'ont répondu qu'elles n'y avaient pas été invitées. Ce à quoi j'objectai que le repas avait été annoncé par affichage, sur la colonne habituelle. « Oui, mais nous sommes ensemble tout le temps, et elles auraient pu nous le dire oralement, comme elles l'ont fait avec les autres, sourire aux lèvres ! » Il est vrai que les deux bahaïes s'affairaient depuis plusieurs jours pour préparer l'*abgousht* et qu'elles avaient assez froidement décliné ma proposition de les aider, ce que j'avais mis sur le compte de mon arrivée récente dans le *band*. Mais je ne mettrai pas longtemps à découvrir que les repas collectifs n'étaient pas ouverts à toutes, même si nulle n'y était interdite. Il y a des invitées que l'on aime à voir, et d'autres que l'on préfère décevoir.

Les dons n'étaient pas toujours effectués par des communautés, en quelque sorte des personnes morales. Plus rarement, certaines détenues en faisaient à titre individuel. Ainsi de Sepideh, mon amour, l'environnementaliste. Elle aimait à nous préparer de sacrés festins de Babette ! Elle cuisinait très bien et y mettait tout son cœur, et son sourire, lui, était pour tout le monde. Un jour, elle voulut faire un *fesenjoon*, plat de fête à base de poulet – ou éventuellement de boulettes de viande – avec une sauce de grenade et de noix, accompagné de riz. Un mets recherché et onéreux, un vrai plat de luxe en prison. Après deux jours de préparatifs, Sepideh fit reposer le tout pour la nuit, comme il se doit. Pour découvrir au petit matin que la casserole était vide, ou à peu près. Sur quarante parts il n'en restait plus guère que cinq. Le contre-don, c'est-à-dire le vol, avant le don ! Sepideh s'est aussitôt transformée en détective et est parvenue à récupérer une partie des portions dérobées sans pour autant incriminer qui que ce soit. Nous avons pu nous réunir et déguster son plat.

Faezeh Hachemi, dont la table était toujours ouverte, a également voulu nous faire goûter le *fesenjoon* du pays natal de feu son père, la province de Kerman, où on remplace les noix par des pistaches. Un délice. Mais cela n'a pas manqué de faire jaser sur cette fille de Président qui a les moyens – sous-entendu « de manger sur le dos du peuple ». Deux gauchistes ont refusé de partager sa table. Niloufar nous a offert un plat de poisson à l'occasion de son mariage, Maryam la Moudjahidine confectionnait des gâteaux pour Norouz, et la jeune Sepideh des gâteaux d'anniversaire – presque chaque semaine. Les mauvaises langues les savouraient et en redemandaient tout en glosant sur leur prétendu financement par le groupuscule politique du Khouzistan. Les délinquants financiers du *band-e chahar* 4 – où se trouvait l'un des otages français, Louis Arnaud, comme je l'apprendrais plus tard à Paris, après sa libération en juin 2024 – nous envoyaient aussi souvent des repas au moment des commémorations religieuses, notamment Ashoura. L'environnementaliste Morad Tahbaz nous faisait également distribuer des repas. Siamak Namazi, un Irano-Américain que je ne connaissais pas, me fit parvenir, par l'entremise des environnementalistes, du fil dentaire et du dentifrice de marque.

Lorsque j'étais encore en détention provisoire au 2Alef, à l'isolement, en cellule individuelle, je reçus à deux reprises des glaces sur bâtonnet dont je garde encore le goût délicieux dans la bouche. Elles me procurèrent un sentiment curieux, une sorte de protection ou de réintégration sociale à un moment difficile où tous mes liens avaient été coupés et où j'étais réduite à l'impuissance. Ces glaces étaient offertes par M. Hosseini, le gestionnaire du 2Alef, en mémoire de ses parents défunts. Une pratique courante en Iran que j'observe moi-même volontiers. Il avait demandé que cette offrande soit distribuée non pas seulement à ses collègues, les gardiennes, mais aussi aux prisonnières. J'ai ainsi pu déguster des glaces-dons qui avaient le goût de l'évasion.

Plus fréquent que le don, le vol se conjugue au quotidien, à Evin. Par nécessité, par convoitise, ou par pure méchanceté. On vole tout : les fruits et les légumes que l'on commande chaque semaine – et c'est hebdomadairement que l'on entend crier : « Où est mon sachet de... ? » Nous avions bien des soupçons sur l'identité des coupables, mais pas la force ni l'envie de les poursuivre jusqu'à divulguer leurs noms. On dérobe aussi la viande, les œufs, les vêtements sur le séchoir, les couverts et surtout les couteaux, le papier-toilette, les journaux... Même mes collages n'ont pas été épargnés. À peine le dos tourné, je me suis fait subtiliser une pièce sur laquelle je travaillais – un élément sans aucune valeur, mais dont la disparition pouvait me perturber en donnant le sentiment que je n'étais pas entourée que d'amies.

Néanmoins, à Evin, on ne peut accuser personne de vol, même si on le surprend en flagrant délit. Nous fûmes parfois tentées de demander à consulter les enregistrements vidéo des caméras qui nous surveillaient, mais nous ne pûmes jamais nous résoudre à nous désolidariser aux yeux de nos gardiennes et à utiliser les instruments de notre propre surveillance et de notre punition.

Le vol n'était pas la seule source de tensions au sein du *band*. L'accaparement de ressources par certaines détenues faisait aussi problème. Par exemple, l'utilisation abusive des ordinateurs éventuellement sous le couvert du nom d'autres prisonnières, l'imposition du choix d'un film ou d'une émission, le dérobement et la dissimulation dans son lit d'un livre de formation, le financement d'un achat de film par l'argent de la collectivité dont on truste ensuite le visionnage, le traficotage des listes de tour de ménage, de machine à laver, etc. Le contraste est grand à Evin entre la réticence pratique au partage et sa célébration dans le discours. Intervient aussi l'ancienneté, qui rime avec sentence lourde et qui, à tort ou à raison, introduit des différenciations de droits ou de privilèges que les nouvelles détenues ont du mal à accepter à leur arrivée.

Entre dons, accaparements et vols surgit enfin l'abnégation de certaines dont l'action, voire l'activisme, façonne la communauté des détenues du *band*. J'ai déjà parlé de la main verte d'Eli Goli ; de la chevaleresque Sepideh, la *javanmard* par excellence, véritable Robin des Bois qui prenait là où elle pouvait pour redistribuer aux nécessiteuses ; de Nasrin Sotoudeh, qui ne cessait de rédiger des lettres pour qui le lui demandait ; de l'irremplaçable Zahra, la Moudjahidine du peuple, qui nettoyait et entretenait inlassablement le *band*, récurant les sanitaires, réparant la robinetterie, balayant le verre cassé pour que nulle ne se blesse, remplissant le réservoir de liquide vaisselle quand l'ouvrier du jour – vieux terme de la gauche révolutionnaire de l'époque du Shah qui continue de désigner la prisonnière en charge du ménage quotidien – avait négligé de le faire, débouchant un lavabo obstrué, nettoyant un samovar calcifié jusque tard le soir pendant que les autres prisonnières dansaient ou se distrayaient. C'est à elle que nous nous en remettions pour organiser le nettoyage annuel dont elle prenait elle-même la tête, ou pour partager l'arrivage mensuel de viande ou de poulet qui nous étaient livrés en gros blocs congelés. Couteau à la main, penchée sur la table pendant plus de deux heures, Zahra était la seule parmi nous à savoir éviter les récriminations. Manquait-il de quelque chose, du fait d'un mauvais calcul ou d'un oubli, Zahra et aussi Fatemeh, une autre Moudjahidine du peuple, étaient les premières à passer leur tour et à renoncer à leur droit pour désamorcer la tension. Zahra, qui était la plus ancienne d'entre nous, n'a jamais cherché à en tirer avantage pour obtenir un meilleur lit. Elle se contentait d'une lampe de chevet méchamment bricolée alors qu'elle aurait pu récupérer une meilleure lampe parmi celles qu'avaient laissées les anciennes prisonnières car elle préférait en abandonner la jouissance aux nouvelles venues.

Il était de tradition qu'avant même le départ d'une prisonnière, ses codétenues, tels des rapaces, se partagent le butin qu'elle laisserait derrière elle. Zahra était loin de tous ces calculs.

Un jour, Zahra, en se moquant de moi et d'Aras, m'a donné une belle leçon quant à l'espoir qui habite les prisonnières, fussent-elles les plus maudites et donc les moins passibles d'une mesure de clémence, ainsi que s'en faisaient gloire les Moudjahidines du peuple, distinction oblige. Le prix de certains produits, dans notre épicerie, était souvent très élevé. Avec Aras nous avions remarqué un lot de trente rouleaux de papier-toilette et avions décidé de l'acheter ensemble afin de le partager, histoire de faire une économie de bout de chandelle. Quand Zahra nous vit arriver, des rouleaux plein les mains, elle nous demanda en riant ce que nous allions en faire. Et nous de lui expliquer que nous avions ainsi payé moins cher. Toujours calme et froide, elle répliqua : « Et si vous êtes libérées demain, ou dans quelques jours ? » Implicitement elle nous reprochait d'avoir accepté notre condamnation comme notre destinée, d'avoir renoncé à l'espérance et au combat, de nous être soumises. Elle aurait pu être une grande amie, mais…

Zahra ne m'a jamais pardonné mon franc-parler. Elle ne m'en a jamais non plus demandé la raison. En fait, c'est une constante, à Evin, que d'attendre la Prise de la Bastille. Chacune est persuadée que viendra le jour où les futurs révolutionnaires en ouvriront les portes. Un jour que nous discutions entre nous des scénarios possibles pour l'avenir de l'Iran, j'avais affirmé, en toute lucidité, que si les clefs d'Evin tombaient entre les mains des Moudjahidines du peuple, je demanderais l'asile politique en Afghanistan.

Je supportais difficilement le conservatisme de Zahra, son dévouement absolu à son Organisation (*Sazeman*), à sa famille, à la mémoire de son père, tout en sachant que sans elle la prison serait encore plus difficile à endurer pour moi. Notre relation était celle d'une amitié impossible. « Ce que je redoute le plus, Zahra *joon*, c'est ton départ », lui ai-je même dit un jour. Celui-ci devait survenir, d'après nos calculs, et sur la base de nos sentences officielles respectives, huit mois avant ma propre libération.

Zahra me plaçait devant mes contradictions insurmontables. Elle était politique à l'envi, sans doute la seule du *band*. Elle savait prendre sa revanche de façon intelligente, précisément parce qu'elle était politique. Elle ne cherchait pas à séduire, comme cela est si courant en prison parce que l'on ne veut pas rester seule. Il n'y a pas de salut en dehors d'un groupe. Mais Zahra n'avait pas besoin de cela, pas plus derrière les murs que dans sa vie privée. Elle ne se mêlait pas aux disputes, aux intrigues, ne cherchait pas à mettre des bâtons dans les roues d'autrui, ou si elle le faisait c'était de façon intelligente et politique, en prenant le temps. Elle avait ses objectifs propres, ses principes, ses plans, et elle n'en déviait pas. Quand elle s'était mariée, elle savait qu'elle allait suivre la voie de son frère, de sa sœur et de son père, tous les trois morts, les uns quand ils étaient encore en Iran, les autres après l'exil des Moudjahidines du peuple en Irak. Elle l'avait prédit à son époux, Javad, un médecin, qui apparemment ne l'avait pas crue – elle ne voulait rien lui cacher le jour de son mariage. Elle avait été arrêtée en 2013 pour avoir affiché des déclarations de son organisation, ou des photos selon sa mère. Désormais elle ne voulait plus que s'occuper de ses petits-enfants, mais elle se refusait à négocier ou dialoguer avec les autorités, ou à passer aux aveux afin d'obtenir une mesure de clémence. Grâce à elle, nous pouvions souvent consulter par téléphone Javad, le matin tôt, avant qu'il n'ouvre son cabinet, pour qu'il nous aide à résoudre nos problèmes de santé.

Les Moudjahidines du peuple ont la réputation de savoir vivre en communauté. Toutefois, n'exagérons rien, car il y avait dans le *band* d'autres Moudjahidines qui ne ressemblaient guère à Zahra. Quoi qu'il en soit, les Moudjahidines du peuple n'ont cessé de subir la prison, avant et depuis la révolution. Le père de Zahra a soutenu l'imam Khomeyni avant et après cette dernière. Elle était âgée de 10 ans en 1979. Elle se souvenait précisément, et en parlait avec un calme déroutant, qu'elle rendait visite en famille, presque chaque jour, à l'imam Khomeyni quand ce dernier résidait encore à l'école Refah – ou peut-être Hadaf ? – qui était située dans son quartier. Elle avait gardé en mémoire le soutien sans faille que son père apportait à l'imam Khomeyni. Mais les événements tournèrent soudain. La famille de Zahra, pendant quinze jours, n'eut plus de nouvelles du père, qui avait été arrêté sur son lieu de travail, dans le bazar. Elle se rappelait également la grande manifestation des Moudjahidines, le 20 juin 1981, dite de « la Réponse à la nécessité de l'Histoire », en protestation contre la répression, quinze jours après la disparition de son père. Elle s'en souvenait très exactement parce que ce fut ce jour-là qu'elle apprit, en regardant les informations télévisées du soir, aux côtés de sa mère, de ses deux sœurs âgées de 14 et 5 ans, et de son frère de 16 ans, la mort de son père, exécuté avec une dizaine d'autres personnes, pour avoir prétendument pris part à cette manifestation… alors qu'il avait été arrêté quinze jours auparavant. Le père de son mari, Javad, avait lui-même été exécuté au début des années 1980, non loin de la frontière du Baloutchistan.

« Rétablir la vérité, rien que la vérité », telle était la revendication suprême de Zahra. Telle est aussi ma propre revendication, et c'est un autre point qui me rapprochait d'elle. Toutefois, pour elle et pour beaucoup d'autres familles, ce devoir de vérité quant à la disparition soudaine et brutale de celles et ceux qui leur étaient les plus chers reste au cœur de leur vie, et aucun remède ne peut les en soulager. Or une telle revendication est difficile à accepter, ou même à entendre, par un régime dont certains des responsables actuels furent les auteurs des exécutions, souvent extrajudiciaires, sans forcément en être les seuls décideurs – et tout cela dans des moments politiques troubles et dramatiques. Lors de la dernière campagne présidentielle, en juin-juillet 2024, les électeurs se sont laissé bercer par des promesses de retour à la vie normale et de vérité, qui sont en décalage complet et douloureux avec la mémoire de nombreuses familles, toujours meurtries dans leur intimité. Un tabou est toutefois brisé.

Un mariage sans faire-part – vous y êtes invités !

L'Iran est à mi-chemin entre deux grandes civilisations cinématographiques, celles de l'Égypte et de l'Inde. Or point de feuilleton sans mariage ! Le spectateur qui a fait l'effort de suivre la série ou le film est ainsi remercié. Ma série à moi entend de la même manière vous gratifier de l'attention que vous accordez à mes récits.

Ce mariage, je ne l'invente pas. Il a bien eu lieu comme je vais vous le raconter, et je vous y invite à y assister sans faire-part. Mais rassurez-vous, il fut célébré en musique, à fond la caisse, avec force gâteaux, et sur plusieurs soirées comme il se doit. Et la mariée était belle. L'ont fêtée toutes les détenues, à l'exception de certaines Moudjahidines du peuple pour qui la prison n'est pas un lieu de festin mais d'endurance. Ce fut presque, comme l'on dit en persan, sept jours et sept nuits de joie (*haft shabanerouz*).

Nous célébrâmes le mariage de Niloufar à mon retour en prison. Pour des raisons incompréhensibles je n'ai pu sécher mes larmes pendant toute sa durée, ce qui provoqua le fou rire de la petite Sepideh – une autre Sepideh que mon amie, qui bénéficiait alors d'une permission pour se faire opérer de la thyroïde. Aussi le poids de la cérémonie retomba-t-il sur les épaules de la jeune Sepideh qui disait, en me regardant pleurer : « Il ne nous manque que le marié. » En effet, dans les mariages iraniens, il y a toujours un membre de la famille qui sanglote au moment du départ de la jeune fille vers son nouveau foyer. Je ne comprenais pas la raison de mes larmes. J'avais beau dire que c'était une allergie, la petite Sepideh, très fine, n'y a pas cru une seconde.

Le moment le plus fort de notre cérémonie fut celui de la « photo », tout le *band* entourant la mariée dans sa robe. Maryam, privée de visite familiale pendant quatre cent douze jours, réputée pour calciner les plats qu'elle préparait, plus encline à l'apprentissage de l'anglais, s'était spécialisée dans la prise des photos de groupe. Utilisant le balai en guise de perche à selfie, imitant les touristes japonais, elle s'y entendait pour nous faire goûter la séquence en sachant la prolonger. « Vous n'y êtes pas toutes ! Je ne vous vois pas ! Rapprochez-vous ! » criait-elle. Enfin, une dernière exclamation : « *Cheese !* » Mais, comme il se doit, la première photo était ratée. Il fallait recommencer. Nous avons joué cette comédie qui allait se graver dans notre mémoire, comme une photo. Et ensuite d'autres cris, les regrets habituels – « Zut, j'ai fermé les yeux ! » Dans cet autre cadre, contraignant, la vie continuait, qui limitait nos mouvements, nous imposait des règles. Ces souvenirs nous accompagnaient et nous soignaient. La vie gagne toujours pour qui sait chavirer avec elle.

Mais revenons un peu en arrière. Lors de ma réincarcération à Evin, j'avais appris que Niloufar souhaitait épouser un ami de longue date, Amir Hossein, un artiste peintre et apiculteur. Niloufar avait 30 ans quand elle avait été arrêtée, six mois après son retour en Iran, après avoir mis fin à ses contrats avec les Nations unies parce qu'elle voulait travailler aux côtés de son oncle Kavous Seyed Emami et œuvrer à la protection de la vie sauvage dans son pays. Pas plus que moi-même et la plupart de nos codétenues, elle n'a pu comprendre les motifs de son emprisonnement – et quand on en devine ou on en apprend la nature, on n'est pas plus convaincue pour autant du bien-fondé de la chose. Niloufar a été condamnée à dix ans de prison, notamment pour espionnage – un chef d'accusation dont il est difficile de se débarrasser. Au début, me confia-t-elle un jour, elle pensait sortir d'Evin au bout d'un ou deux ans, comme le lui assuraient ses parents, très mobilisés pour défendre sa cause. Mais, cinq ans plus tard, elle était toujours derrière les barreaux, désormais persuadée qu'elle devrait purger la totalité de sa sentence. Qu'allait-elle pouvoir faire à 40 ans, une fois libre, n'ayant pas même pu assister au mariage de sa sœur aux États-Unis et désireuse de fonder sa propre famille ? D'où sa décision de convoler avec le peintre-apiculteur Amir Hossein.

L'annonce de son mariage va chambouler notre rythme de vie. Il n'est pas difficile de résumer la préparation de noces, même en prison. Il faut, outre une belle mariée, de la dentelle pour confectionner une robe digne d'elle. En l'occurrence, nous disposions de tissus qu'avait laissés derrière elle la Moudjahidine du peuple condamnée à quinze ans de privation de liberté et dont la sentence prévoyait qu'elle devrait passer les cinq dernières années de sa peine dans un centre pénitentiaire de province, en guise sans doute de punition supplémentaire, pour l'éloigner du soutien de sa famille et des avantages matériels que l'on consent, sans qu'ils soient discutés, aux lourdes peines (*habs-e sanguine* – on prononce ces mots en les accentuant gravement) : par exemple, la jouissance d'un congélateur à soi seul, acheté avec ses propres deniers, d'un bureau personnel et d'un périmètre plus large que celui de son lit. Ce dernier privilège, elle se l'était arrogé, et nulle ne se voyait le remettre en cause : n'est pas « lourde peine » qui veut.

Le tissu n'était pas adapté à la confection d'une robe de mariée. Il était difficile à travailler. Mais la couturière, Parisa, était imbattable : une bahaïe qui nous faisait bénéficier de sa belle voix pendant quinze minutes chaque soir, à 21 heures, lors de sa prière. Les dentelles furent l'affaire de Guelareh, qui avait soumis à la mariée une première sélection de modèles pour qu'elle fasse son choix. Guelareh a formé à son art toutes les détenues qui se montraient disponibles et désireuses de contribuer à l'ouvrage. Je pense que la quasi-totalité d'entre nous s'y est mise. Nous avions réalisé plus de cent pièces de dentelle au crochet quand nous avons appris que l'administration avait accordé à Niloufar une permission de sortie pour se marier. Sa libération provisoire pouvait survenir à tout moment. Il fallait tout faire pour qu'elle puisse partir avec la robe finie car il serait beaucoup plus compliqué de la lui faire parvenir ultérieurement.

Outre le fait que, quand on sort d'Evin, on ne sait jamais trop si et quand on doit y retourner. Certaines permissions de sortie sont prolongées, certaines se transforment en liberté conditionnelle, d'autres sont en trompe-l'œil comme on le découvre une fois dehors et que l'on comprend les dessous de la mesure. Bref, nous vivions dans le tohu-bohu de ces possibles.

Lorsque vous étiez avertie de votre sortie, vous n'aviez que quelques minutes, au mieux quelques heures, pour vous préparer et vous présenter à la porte, sachet plastique à la main. Tout retard, toute tentative de négociation pouvait entraîner l'annulation de la mesure.

Le plus déstabilisant, c'est qu'il n'y a aucune procédure fixe de sortie d'Evin. Généralement le message tombe la veille, notamment s'il s'agit d'une visite à l'hôpital ou d'une convocation au tribunal. On suppose que l'administration cherche à empêcher les détenues de prévenir leur famille ou leurs proches pour éviter toute mobilisation en leur faveur. Et il faut dire que certaines d'entre nous s'y entendaient pour qu'on parle d'elles. Par ailleurs, quelques déconvenues lors de telles extractions incitaient à la prudence, voire à la frime. Était-on sûre que l'on bénéficiait d'une permission, ou s'agissait-il d'un leurre pour dissimuler un transfert, toujours redouté, dans une prison de province ? « Moi, je ne pars que si j'ai un ordre écrit et signé en bonne et due forme », assurait l'une d'entre nous. Quitte à tout oublier dès que s'estompait l'alerte.

Niloufar, qui avait rendu publique une lettre dénonçant sa maltraitance durant sa détention provisoire au secret dans le quartier des gardiens de la révolution, était très méfiante et répugnait à discuter avec les autorités pénitentiaires dans les jours qui ont suivi sa diffusion. Un jour, on l'avait appelée pour dialoguer et elle avait finalement accepté de descendre les escaliers pour discuter devant la grille qui sépare la section des détenues de celle du personnel. J'étais à quelques pas d'elle. Elle s'est montrée distante, et en définitive rien ne s'est conclu. Elle a rejoint ses codétenues.

La docilité des prisonnières est en général impressionnante, même si certaines refusent de partir, par exemple pour une visite médicale à l'hôpital, faute d'avoir pu prévenir leur famille qui devait s'acquitter du prix de la consultation. Habituellement, dès l'annonce de son départ, la détenue se tient pieds joints et sur son trente-et-un devant la porte de la cellule, en s'abandonnant à l'espoir et à la joie de sortir. Elle a pu être prévenue par l'interphone, ou par l'intermédiaire d'une camarade – « Dites à une telle qu'on l'attend au bureau des gardiennes ! » –, ou encore de manière fortuite dans la salle de gym.

Tel fut le cas pour moi. J'étais en train de travailler sur mes collages quand une gardienne s'est approchée de moi, doucement, gentiment, comme pour regarder mon ouvrage. Je n'avais pas vraiment saisi qu'elle était porteuse d'un message. « C'est joli, ce que vous faites. Mais venez, on demande à vous parler. Vous allez peut-être avoir de bonnes nouvelles. » Je la regarde : « Quand ? – Maintenant, venez avec moi. » Je laisse tout tomber, je ne range rien, mes boîtes et mes projets sont toujours sur la table. Je la suis. En sortant de la salle de gym et avant de franchir les grilles, celles-là mêmes qu'on ferme vers 10 heures du soir, elle me dit d'aller m'habiller. « Ah, c'est à l'extérieur ? – Oui. Prenez quelques affaires au cas où vous ne reviendriez pas ce soir. » J'aurais dû m'en douter car demain c'est vendredi, jour de repos hebdomadaire. Qui travaille demain, qui va intervenir en ma faveur ? Je monte à l'étage, soudain déstabilisée, je sens la crise monter en moi. Je demande à des camarades d'appeler Sepideh, qui était à l'époque la *vakil band*. Celle-ci arrive, je lui dis que je pars et que je lui laisse toutes mes affaires. « Tu reviens quand ? – Je ne sais pas, demain peut-être. – C'est super, tu vas peut-être partir. » Partir ?! Cela m'était sorti de la tête ! Partir ! Je me mets à pleurer ! « Tu veux dire au revoir ? – Non, je vais revenir. Et ils ne m'ont pas parlé de partir, mais de discuter avec les autorités. » Qui, exactement, je ne le savais pas. Personne ne m'a conseillé de demander l'ordre signé. Personne non plus n'a pensé que j'allais avoir des problèmes. Je ne veux voir personne, je demande à Sepideh de ne prévenir personne, car je vais revenir. Elle insiste pour n'appeler que Niloufar, que j'embrasse. Je vais discuter pour faire avancer mon dossier, pour trouver des solutions autres que la détention. C'est le rêve constant de la détenue, de partir. Mais on n'aime pas partir comme cela, sans rien dire à ses amies, sans savoir quoi leur dire. Et le groupe qui se met à chanter des hymnes révolutionnaires de liberté à chaque départ ! Je ne voulais pas entendre cela non plus ! Je voulais mon acquittement, pas mon départ !

Et seize mois plus tard, je suis revenue, comme pour assister au mariage. Revenons donc à ce dernier, quand on prévient Niloufar que sa demande de congé a été acceptée. Il ne faut pas tarder à achever la robe. Or nous sommes en pleine pandémie de Covid. Parisa, la couturière, est un peu malade. Guelareh aussi. Mais une chose est sûre, il faut faire la robe. On est toutes d'accord sur ce point. Il y a eu plusieurs séances d'essayage. Chacune d'elles nous avait permis de danser et de manger les gâteaux préparés par la petite Sepideh. Et ce malgré le différend entre la couturière et la mariée quant à la fente dans le dos de la robe. Niloufar voulait qu'elle descende jusqu'au bas du dos, la couturière la voulait moins ouverte. C'est comme toujours la mariée qui l'a emporté, et son joli dos rose dénudé mettait ainsi encore plus en valeur la robe. Parisa acheva celle-ci et commença à y placer les dentelles crochetées (en prison on ne pouvait procéder autrement en la matière). « On en manque », dit-elle. On se regarde avec Guelareh. On va en faire d'autres à deux, les autres dorment. Ça y est, nous arrivons à la finir avant de nous coucher, vers 2 heures du matin. Le matin, Niloufar la découvre au réveil, émue, et l'essaye une dernière fois. Elle est splendide. L'annonce de son départ tombe tout juste avant midi, avec les dernières interventions de l'imbattable couturière sur la robe. Elle peut partir avec elle. Elle ne restera dehors que trois jours. C'est bien la première fois qu'un congé accordé est aussi court, alors qu'il s'agit d'un mariage. La nouvelle équipe des jeunes magistrats travaillant aux côtés du procureur s'est offert une joie simple. Nous en avons pleuré. Niloufar reviendra de son congé avec des photos de la noce, aux côtés de sa famille et du bienheureux qui a raccompagné sa toute fraîche épouse jusqu'à la porte de la prison.

La famille est à l'honneur à Evin, comme ailleurs

La société iranienne est celle dans laquelle on passe son temps à recevoir et rendre visite. Les deux temps forts des retrouvailles familiales sont le mariage, d'une part, les funérailles, de l'autre. On est toujours là pour célébrer un deuil, quels que soient les différends qui nous ont opposés au mort ou à sa famille. Cela vaut aussi dans la vie publique. Tel fut par exemple le cas quand on accompagna vers sa demeure éternelle, le 10 janvier 2017, l'ancien président Hachemi Rafsandjani – l'un des principaux piliers de la République islamique, « l'homme des quatre saisons », qui a été toujours là quel que soit le temps politique.

Le quartier des femmes ne déroge pas aux règles de la sociabilité familiale de la société iranienne. À ceci près qu'on n'y fait que recevoir des visites, sans pouvoir les rendre comme il se doit – ou en tout cas pas comme on le voudrait, ni immédiatement. À Evin, on fait équipe et on se serre les coudes dès qu'il s'agit de la famille.

Lorsqu'un deuil frappe une détenue, on fixe une date de commémoration qu'on affiche et toutes les prisonnières, sans exception, chacune venant avec sa chaise, se rassemblent dans la salle 1, la plus grande, pour faire cercle autour de l'endeuillée. Du halva, la pâtisserie traditionnelle cuisinée pour les temps de deuil, et des dattes sont disposés sur une table décorée pour l'occasion, au centre du grand cercle des femmes. On récite le Coran, les bahaïes citent leur Livre, et moi, en bonne *maddah* amatrice, je chante volontiers quand je suis sollicitée, ce qui arrive souvent.

Les rencontres avec la famille sont nombreuses à Evin. L'institution carcérale se soucie du maintien des liens familiaux, et les détenues en sont demandeuses. Aussi n'a-t-on pas de temps à perdre à Evin. Vous le savez maintenant, tout y est ordre et discipline. Et aussi tout est au service de la famille. Point de salut hors de la famille – mais une famille somme toute assez flexible.

La détenue mariée a le droit de voir son époux une fois par mois si elle est en possession des documents qui sanctionnent en bonne et due forme un lien conjugal. Lorsque je suis arrivée à Evin, on appelait ce genre de rendez-vous des rencontres *shar'i* (*molaghat-e shar'i*), ce qui signifie littéralement des « rencontres relevant de l'autorisation religieuse », puisque le mariage est sacré. C'est Niloufar qui, sarcastique et joyeuse, m'avait soufflé l'expression à travers la porte de ma cellule en m'annonçant le rendez-vous de Sepideh avec son époux, lequel était incarcéré au rez-de-chaussée du même bâtiment, non loin de Roland. C'était la grande nouvelle du jour puisque ces retrouvailles survenaient après moult demandes et interventions, plus d'un an et demi après leur arrestation, et alors qu'ils étaient toujours au 2Alef. Quant à moi, je n'y ai jamais eu droit, faute de document attestant la sacralité de ma relation avec Roland. Un jour, dans l'attente de pouvoir le rencontrer, j'ai exigé, en me rapprochant du judas et en hurlant du fond de moi-même, que l'on me donne au moins un téléphone *shar'i*, ce qui a provoqué le fou rire de mes gardiennes, puis, je l'ai appris plus tard, de Niloufar et de Sepideh qui avaient entendu mes cris. À force d'insister, les gardiennes sont allées faire état de ma réclamation à l'administrateur du 2Alef, l'incontournable M. Hosseini, qui a fini par m'appeler par l'interphone. Je lui réitérai ma requête et il me rétorqua que « ce n'était pas possible » : « Vous n'avez pas compris ! » Ce à quoi je lui répliquai de ne pas s'occuper de ma compréhension : « Donnez-moi un téléphone, je vais me débrouiller et vous allez voir. » Mais, en prison, le vocabulaire change souvent. Les *molaghat-e shar'i* sont devenues les *molaghat-e hamsaran*, les rencontres entre compagnons. La prison, un terrain au service de la persanophonie !

Ladite rencontre se fait dans un bâtiment relevant du statut de *waqf* (bien de mainmorte). Ce qui signifie qu'il a été construit grâce au don d'une personne ou d'une famille et destiné à un usage public. Je n'ai malheureusement pas accès à mes notes et je ne me souviens pas du nom de la famille qui a offert le bâtiment où se rencontrent les couples. Celui-ci se situe juste à côté de l'édifice abritant les visites familiales. Les intéressées s'inscrivent sur une liste pour soumettre leur demande. Le jour J certaines apportent leurs propres draps, d'autres prennent ceux qui sont mis à disposition sur place, ou encore des draps jetables. On apporte aussi de quoi boire et manger. Le départ se fait souvent en groupe, et selon le nombre d'inscrites, en une ou en deux fois, par minibus – ce qui dissuade d'ailleurs certaines prisonnières de s'inscrire, par pudeur, parce que le regard des autorités carcérales et autres vigiles ou les commentaires de certaines codétenues les gênent. Ainsi, Zahra, la Moudjahidine du peuple, fidèle à son régime d'austérité, refusait par principe ce genre de rencontres, tandis que d'autres prisonnières critiquaient les jeunes détenues qui se maquillaient pour l'occasion et se montraient trop joyeuses, voire indécentes, dans le minibus. Tant et si bien que l'administration a accordé à certaines femmes la faveur de retrouver leur époux en catimini, en dehors des jours officiels de rencontre. Toutefois, rien n'échappe dans la longue durée à l'œil des détenues qui finiront par jaser. Soit que la répétition des rencontres conjugales mette la puce à l'oreille des femmes, soit que certaines gardiennes donnent l'information – et une seule personne suffit à sa propagation.

La détenue a aussi le droit à une visite hebdomadaire de sa famille, les dimanches. La durée de la rencontre est d'une heure environ, mais tout dépend du nombre de prisonnières demandeuses de visites. Les visites s'échelonnent de 8 heures ou 8 h 30 à 13 heures – ces différences suscitent beaucoup de récriminations, certaines prisonnières se jugeant défavorisées. Elles ont lieu une fois sur deux dans le parloir, au rez-de-chaussée, derrière une vitre à travers laquelle on communique par un interphone ; et une fois sur deux autour d'une table, dans le grand salon de rencontre situé au deuxième sous-sol du bâtiment – le nombre élevé de marches à descendre puis à remonter étant un autre sujet de plaintes.

C'est pour ce second type de visite que la détenue mobilise des efforts et des moyens considérables. Certaines commandent des repas au restaurant de la prison (celui-ci-ci a été fermé à cause de la pandémie de Covid – j'y avais commandé du poisson après ma grève de la faim…). D'autres cuisinent d'arrache-pied ou préparent des gâteaux. Pendant une période, la petite Sepideh, l'activiste pour la défense des ouvriers originaire d'Ahvaz, fit de la pâtisserie pour tout le monde, à ses frais, ou plutôt aux frais de ses parents. On achète des verres en carton, souvent jolis, et des jus de fruits. Des détenues empruntent à leurs amies ou à d'autres prisonnières, pour l'occasion, des foulards, des bijoux, du rouge à lèvres. Chacune se met sur son trente-et-un et, dès le matin se prépare, se douche, se coiffe, se maquille.

Dans la mesure où tous ces préparatifs concernent un bon nombre de détenues, cela provoque des tensions à cause des odeurs et du bruit. Les temps impartis au silence ne sont plus guère respectés, la circulation des détenues dans le *band* devient plus dense, le four ne connaît pas de répit, et dans le feu de l'action on fait fi des droits d'autrui et on marche sur les plates-bandes des autres prisonnières. Les Moudjahidines du peuple, qui prônent toujours l'austérité sans laquelle il n'y a pas de « vraie prison », sont les premières à pester : « Vous offrez les deniers des prisonnières à ceux qui n'en ont pas besoin puisqu'ils ne sont pas en prison » – allusion aux plats et aux gâteaux confectionnés en grande partie avec les aliments livrés par l'institution carcérale, tels que le riz ou les autres céréales et l'huile. Les occupantes de la salle 1, dans laquelle se trouvent le four et le climatiseur, protestent de leur côté contre les nuisances de leur utilisation exagérée et contre le bruit.

Les visites, pour la préparation desquelles chacune essaie d'apporter le meilleur d'elle-même afin de briller dans la communauté des prisonnières, sont suivies de grandes discussions. C'est qu'elles donnent accès à des informations venant de l'extérieur. On rapporte des histoires, des témoignages de sa famille à propos d'événements importants. On les relate, on les analyse, on partage les nouvelles tout l'après-midi et toute la soirée, et même les jours suivants. Dans le sillage du mouvement « Femme, vie, liberté », pendant l'automne et l'hiver 2022, on n'a ainsi pas manqué de mentionner et de discuter la visite à Evin de femmes ne portant pas le voile.

Cela n'a pas été sans conséquences à l'intérieur même du *band*. Désormais, lors des visites des réparateurs ou des médecins appelés en urgence au chevet d'une prisonnière et dont l'arrivée était annoncée par le *Yallah* rituel signalant l'entrée dans l'espace privé d'une personne étrangère à celui-ci, il n'y avait plus guère de détenues pour se précipiter vers leur voile, sinon peut-être Zahra,

Fatemeh et Shima, les trois Moudjahidines du peuple, qui jamais ne restaient tête nue devant un homme. Le voile est devenu une autre pratique de distinction et de discorde au sein de la prison. Celles qui résistaient à l'obligation de son port se voyaient applaudies par les activistes, comme si désormais c'était la prison, et non le Parlement, qui décidait du comportement des femmes. Le nec plus ultra était de refuser de le revêtir pour aller à la clinique, au risque d'être privée de consultation médicale. Quarante-cinq ans après la révolution, il faut décidément renoncer à assimiler le refus des stipulations religieuses de l'islam à la résistance au régime, ou l'acceptation de ces dernières à la soumission politique.

Le dimanche, le *band* fait figure d'une communauté solidaire au point que tout le monde se salue et rivalise d'amabilité. À la question rituelle : « Comment vont tes parents ? », on répondra toujours, même si cela n'est pas vrai : « Très bien, ils t'ont saluée chaleureusement, d'ailleurs ! » Un jour l'une de mes amies m'a dit, amère et sarcastique : « J'ai bien connu les parents d'une telle. Ils étaient venus me voir au bureau pour les affaires de leur fille. Aujourd'hui celle-ci ne me transmet jamais leurs salutations alors qu'elle les distribue à droite et à gauche à des détenues qui ne les ont jamais rencontrés ! » Dans le salon des visites en « présentiel », les unes et les autres auront salué les parents de leurs amies codétenues et multiplié les salamalecs à leur égard. Le reste de la journée, on ne parlera que du père, de la mère, des enfants, de telle ou telle, etc.

Le dimanche est le jour de toutes sortes de mises en scène. Maryam me raconta que les jours de visite lui donnaient l'occasion de couper les cheveux de sa fille. Et d'ajouter : « Ma fille ne s'est jamais fait couper les cheveux qu'en prison, de mes mains. » Mais le dimanche est aussi le jour d'émotions difficiles à maîtriser ou de conflits entre les détenues et leur famille. Les larmes coulent volontiers. L'une d'entre nous avait pris l'habitude de tenter de se déshabiller dès qu'elle n'arrivait pas à résoudre ses problèmes avec sa famille – les autres prisonnières et les gardiennes se précipitaient pour faire écran et interrompre le strip-tease carcéral ! Curieusement, le juge Salavati m'a parlé d'elle la première fois qu'il m'a interrogée, pour préparer mon procès. « Vous la connaissez ? » J'avais acquiescé. « Elle est très bien, occupez-vous d'elle ! » Je suis restée sans voix. Elle était une très belle jeune femme, célibataire, qui avait eu beaucoup de succès dans son travail d'experte économique et vraisemblablement aussi auprès des autorités de la prison. C'est elle qui me donna à deux reprises des ampoules multivitaminées pendant ma grève de la faim.

La famille est idéalisée parce qu'elle est l'incontournable référence de la prisonnière idéale qui, d'ailleurs, s'entoure de ses photos, expose ses cadeaux et porte avec une certaine ostentation les habits, sans doute commandés par elle-même, qu'elle reçoit une fois par saison, selon le règlement carcéral – ces mêmes habits qui finiront un jour dans le Tanakora. Le nec plus ultra de la famille idéale est celle qui vient toutes les semaines bien vêtue, en force, si possible de loin, et encore mieux si c'est en avion… Ces détails sont discutés sans relâche et mis en exergue, tout comme on évoque celles d'entre nous qui ne sont pas visitées, soit que leurs parents résident en province, soit que, pour des raisons inconnues, ils s'abstiennent de venir épauler leur fille ou parente à Evin.

En tant que *vakil band*, j'ai dû un jour intervenir pour faire cesser une querelle entre une activiste de la défense des droits humains, jugée très méritante à l'extérieur d'Evin, mariée, dont le mari était lui aussi incarcéré, et une très jeune fille qui venait d'arriver. L'objet de la dispute n'était pas facile à saisir. En revanche, l'attaque de la militante des droits de l'homme était des plus lâches. Tout en connaissant l'importance que j'attachais aux nouvelles arrivées afin de les intégrer et de leur éviter l'isolement, cette femme était venue attirer mon attention sur l'affabulation de la jeune fille. Celle-ci parlait toujours d'un père qui n'existait pas car on ne le voyait jamais à Evin, à l'heure des grandes rencontres. Ou plutôt il ne se manifestait que quand la jeune fille était en consultation à l'hôpital, et nulle ne l'avait jamais vu. J'ai haussé les épaules, comme pour dire : « Et alors ? » Les mots me manquaient. Et si elle avait envie d'inventer ce père qui peut-être n'existait pas ? J'ai invité la femme à se calmer et me suis enfuie pour ne pas croiser le regard de la jeune fille qui peut-être avait envie ou besoin de fabuler.

Mais ce culte carcéral de la famille n'empêche pas que se nouent ou se poursuivent d'autres relations – toujours sous le couvert sacro-saint de la famille. En réalité, celle-ci est extensible à souhait, notamment grâce à l'armée des cousines et de cousins, cousins dont il est toujours possible qu'un petit ami ou un conjoint prenne le visage pour retrouver sa belle, avec un minimum d'astuces de la part de la prisonnière et sans que les gardiennes soient nécessairement dupes, quand elles ne deviennent pas franchement complices. Nous blaguions volontiers sur la visite de ces cousins comme par hasard les dimanches où les parents étaient absents. Oui, décidément, on trouve tout à Evin !

Quant à moi, je n'ai jamais eu droit à ces rencontres « en présentiel » à cause de ma grève de la faim. Celle-ci a été considérée comme un manque de respect pour la réglementation pénitentiaire. La première punition qu'entraîne cette transgression est la privation des visites familiales. Je n'ai pu rencontrer mes sœurs qu'en cabine, à travers une vitre et par l'intermédiaire d'un interphone dont on sait qu'il est sur écoute. À mon retour à Evin, après ma période de résidence surveillée, j'ai refusé ces visites pour protester contre ma réincarcération et l'accusation infondée selon laquelle j'aurais violé les dispositions de mon contrôle judiciaire. En réalité, je pensais surtout que ma famille n'avait pas à continuer de payer pour une histoire que je considérais comme mienne, même si je n'en comprenais pas les tenants et aboutissants. Je voulais porter seule mon destin dont le contour devenait difficile à maîtriser du fait de l'entremise de ma famille, de tous les récits qu'elle engendrait et des conséquences que celle-ci devait subir. Mon arrestation avait provoqué les interrogatoires de mes sœurs. Mes beaux-frères les accompagnaient jusqu'à la porte d'Evin et ils devaient attendre pendant des heures, sans même pouvoir imaginer ce qui se tramait derrière les murs. Ils ne manquaient pas de se consulter pour élaborer les explications à fournir et essayer de convaincre les enquêteurs de mon innocence. Tant et si bien que *mon* histoire n'avait plus rien à voir avec celle dans laquelle ils m'ont entraînée, avec leurs récits changeants et pleins de volontarisme. *Mon* histoire était une affaire directe entre mes interrogateurs et moi. Celle que tissaient mes sœurs et beaux-frères passait par la mobilisation d'autres parents et leur éventuelle intercession, vaine et décevante, source de frustrations et de conflits. Mes sœurs voulaient ma libération à la suite d'une grâce, moi des explications et mon acquittement. Elles voulaient la fin de l'histoire, et moi, n'ayant pas compris son début, j'étais (et je reste) convaincue qu'elle n'a pas de fin. Sans doute est-ce le prix de l'autonomie que je me suis construite dès ma jeunesse, mes 18 ans, et qui a du mal à se faire une place dans une société où la famille constitue le noyau dur des relations sociales qui sont aussi des relations de pouvoir et d'enrichissement.

Evin, un temps non révolu

Il est facile de dire la vérité, toute la vérité, rien que la vérité quand il s'agit d'un monologue et que l'on est seule, et responsable de ses seules affaires, devant un tribunal chargé de vous juger. Mais cela devient beaucoup plus compliqué, sinon impossible, quand on veut jeter une lumière juste, ne serait-ce que sur certains aspects fragmentaires de la vie carcérale postrévolutionnaire. Et, d'ailleurs, comment sélectionner ces aspects, ces séquences, en les isolant du magma de l'histoire révolutionnaire des années 1970-1980 ? On se préoccupe moins de la signification de l'histoire, que l'on pense d'ailleurs connaître, que des hommes qui l'ont faite, souvent sans le savoir, et qui, d'une certaine manière, en ont été les jouets autant que les acteurs. Éternel problème que connaissent bien les historiens de la Seconde Guerre mondiale, de l'Occupation allemande de la France ou de la guerre d'indépendance algérienne.

Dire la vérité est un devoir et une responsabilité qui incombent à tout un chacun. Mais la dire à propos d'une période dramatique, pleine de tumulte et de fureur, au cours de laquelle l'action l'emporte sur la concertation, et le consensus révolutionnaire sur toute autre considération, est une affaire plus complexe qui nous impose, elle aussi, des responsabilités. Car elle relève d'une autre logique et mobilise d'autres binômes que les oppositions classiques entre la vérité et le mensonge ou le complot, la vérité et le crime, la vérité et le consensus. Même s'il n'est pas d'autre urgence que ce devoir de vérité, ne serait-ce que du fait de la dette morale que nous avons vis-à-vis des familles des victimes, ne cédons pas à la tentation du populisme. Ne réduisons pas la vérité, ne la limitons pas au niveau de la dénonciation de quelques responsables, aussi tortionnaires fussent-ils – et d'autant moins que nombre de ceux-ci reposent désormais en paix dans leur demeure éternelle, après avoir eu des funérailles dignes de leur rang. Ne la réduisons pas non plus à quelques exécutions vengeresses, le Jour J de la prochaine révolution, pour apaiser la douleur des familles. Bref, ne sous-estimons ni la profondeur de ces blessures ni l'étendue du champ de la nécessaire vérité dans les situations politiques exceptionnelles qu'a traversées l'Iran, car l'essentiel, du moins pour une chercheuse, reste sans doute la leçon que nous devrions en tirer, l'enseignement qui nous reste à propager, quitte à déranger politiquement ou intellectuellement.

Il faut bien sûr faire la lumière sur ce qui a été commis, sur son comment et son pourquoi. Mais *quid* du silence entretenu sur son avant et son après, sans même parler de son pendant ? L'histoire s'est déroulée moins dans la clarté relative de l'espace public que dans l'opacité des maisons des militants et derrière les murs des prisons. Les dirigeants de la République islamique ont su mettre à profit leur propre expérience carcérale, à l'époque du Shah, aux côtés des prisonniers de la gauche révolutionnaire et des Moudjahidines du peuple, en nouant des relations avec eux et en les recrutant. C'est ainsi que les différentes tendances de la gauche et des Moudjahidines du peuple vont rivaliser pour devenir, par conviction, ou pour espionner, ou tout simplement pour survivre, des agents dénonciateurs, fût-ce de leurs anciens camarades, en informant la nouvelle police politique des modes de fonctionnement et de la localisation des « maisons d'équipe » (*khaneha-ye timi*) clandestines dans lesquelles vivaient les militants des organisations révolutionnaires dans l'opposition. Cela ne doit pas dissimuler le courage, l'abnégation, le sacrifice de celles et ceux, sans doute beaucoup plus nombreux, qui ont résisté aux menaces, aux tentations, à la torture et qui veulent aussi, aujourd'hui, régler leurs comptes. Il y a là un silence qui n'est pas facile à rompre, quel que soit notre désir de vérité.

Tout comme il n'est pas aisé d'évoquer l'ostracisme absolu, de la part d'opposants politiques, qui a frappé des militants soupçonnés d'avoir parlé sous la torture et qui les a parfois acculés au suicide. Enfin, il y a le silence que les chefs imposent à la base, aux exécutants, aux sympathisants en faisant prévaloir l'intégrité et l'indivisibilité de l'organisation, sa primauté indiscutable, en quelque sorte une raison d'État avant même d'accéder au pouvoir.

J'entends l'objection, sinon l'indignation de mes lecteurs. Comment confondre l'action des dominants et celle des dominés ? Comment mettre sur le même niveau des responsabilités et des actes qui n'ont pas le même poids, pas les mêmes moyens, tant l'asymétrie du rapport des forces en présence était évidente ? Mais telle n'est pas mon intention. Je veux juste rappeler, de façon prosaïque, que ce qui fait aujourd'hui obstacle à la vérité est la vérité elle-même, car celle-ci n'existe pas au singulier. En outre, et au risque de me répéter, l'histoire de la République islamique s'est faite pour une bonne part derrière les murs de ses prisons, peu loquaces.

Quarante ou trente ans plus tard, le problème, pour une prisonnière, reste le même : restaurer la vérité, mais derrière ce terme, que de silences, toujours les mêmes, et également de nouveaux !

Pendant l'été 2023, grâce aux réseaux sociaux de Club House – et non à la BBC – et par le truchement des aveux ou, plus exactement, du témoignage de l'ancien directeur de la prison d'Evin, Hossein Mortazavi Zanjani, en fonction dans les années 1987-1988, que s'est brisé le silence sur les exécutions massives de prisonniers politiques, à la fin de la guerre contre l'Irak – ce que l'ayatollah Montazeri, un temps successeur désigné de l'imam Khomeyni, qualifiait de « crime ».

Il s'en est ensuivi un débat, encore très timide, mais un débat tout de même, entre les décideurs, les militants de la société civile, voire les membres de l'opposition. Celui-ci permet de lever une partie du voile sur les responsabilités non pas seulement d'individus mais du cadre politique lui-même. Il permet en outre d'entendre, et de faire entendre, la voix des familles des victimes, leur souffrance, leurs revendications, et de remédier, autant que faire se peut (ou plutôt ne peut pas), aux dommages irrémédiables que ce silence de quelques décennies a produits dans leur vie.

Invité par un journaliste résidant en Iran, Masoud Moayedi, et sa collaboratrice Negar Mozaffari, dans une *room* sur Club House, Hossein Mortazavi Zanjani a dû répondre, pendant environ cinq heures, à un panel d'experts, de responsables politiques, d'opposants, de parents afin de vérifier certains faits. En soi, il n'a pas dit grand-chose de nouveau, pas même quant au nombre des victimes qui varie de 2 000 à 5 000, voire 8 000 – au demeurant nul n'avait besoin du chiffre exact pour mesurer l'ampleur du désastre. Mais il a mieux fait comprendre le climat de l'époque et la pagaille décisionnelle qui régnait alors. Il a confirmé les récits dramatiques qui circulaient, évoqué les camions transportant les corps et déploré que les autorités n'aient pas prévu de tombes individuelles, mais de simples fosses communes longtemps tenues secrètes. Il a insisté sur le fait qu'il n'espérait ni racheter ses péchés, qui sont à ses yeux impardonnables, ni blanchir un régime dans lequel il ne croit plus. Simplement il ressentait désormais le devoir de dire la vérité des faits contre lesquels il ne s'est pas élevé à l'époque, alors qu'il savait ce qui se passait autour de lui. La vérité en soi et pour soi, afin qu'elle soit consignée avant sa mort.

Il s'est dit convaincu que l'ordre de procéder à ces exécutions ne provenait pas de l'imam Khomeyni et que le Premier ministre Mir Hossein Moussavi n'en avait pas été tenu informé. Ainsi, alors que retentissait dans la société la clameur du mouvement « Femme, vie, liberté », l'intervention de Hossein Mortazavi Zanjani et les débats qui ont suivi ont confirmé que la restitution de la vérité est la condition majeure « pour une vie normale », comme le dit la belle chanson de Shervin Hajipour.

Le sujet est revenu sur le devant de la scène un an plus tard, lors des présidentielles de juillet 2024, lorsqu'un journaliste de la deuxième chaîne télévisée publique, Milad Dokhanchi, a soulevé, sans aucune gêne, la question de la responsabilité de l'un des candidats, Mostafa Pourmohammadi, dans les exécutions traumatisantes – celles de l'été 1988. Ancien procureur, ancien ministre de la Justice de Hassan Rohani, celui-ci n'a semblé ni surpris ni mortifié. Il n'a rien caché de son rôle dans ce que l'on nomme la « Constellation de la mort » (*heyat-e marg*), en 1988[1]. Mais il a rappelé qu'il n'était alors

1. Pendant l'été 1988, l'Iran est contraint de conclure un cessez-le-feu avec l'Irak dont la pression militaire devient irrépressible. Il subit alors à sa frontière occidentale une offensive des Moudjahidines du peuple qui s'y étaient réfugiés en se plaçant sous la protection de Saddam Hussein. Dans la confusion, voire la panique générale, certaines autorités de la République islamique procèdent à la liquidation de centaines, voire de milliers de prisonniers politiques, après des parodies de procès expéditifs, et à leur inhumation dans des fosses communes dont la localisation, pour certaines d'entre elles, est un « secret public ». Aujourd'hui encore, elles sont étroitement surveillées par les

qu'un juge et que la responsabilité des faits revenait à tout un système, au régime. Il a précisé qu'il n'avait pas fait partie des comités – au nombre de trente – qui avaient sélectionné les condamnés, les avaient interrogés une dernière fois, et avaient prononcé les sentences de mort. Il a même prétendu que la raison de sa présence, dans cette « Constellation de la mort », et en ce temps de crise paroxystique, était de tenter de modérer les ardeurs des décisionnaires, de limiter leurs débordements et de les dissuader de massacrer tous les prisonniers dans l'espoir insensé de supprimer toute opposition au nouveau régime.

Restituer la vérité, donc. Mais *quid* de la vérité si elle n'existe pas, immaculée, à l'écart d'autres vérités souvent dissimulées par l'étouffement, la transformation, le maquillage pour des raisons peut-être segmentaires mais qui ont tout de même leur raison dans une société elle-même segmentaire ?

Que les choses soient claires. Je n'ai jamais été une prisonnière politique, mais une prisonnière scientifique, comme n'a cessé de le répéter mon comité de soutien : c'est-à-dire une chercheuse ne se livrant à aucune activité politique, mais incarcérée par le pouvoir politique pour des raisons dont on peut supposer qu'elles étaient politiques, encore que je ne les connaisse pas. En outre,

services de sécurité, ce qui n'empêche pas les familles des victimes de venir s'y recueillir à leurs risques et périls.

je suis franco-iranienne sans que je puisse non plus dire si cette double nationalité a provoqué, aggravé ou allégé mon malheur. Quoi qu'il en soit, le regard que je porte sur la prison est nécessairement différent de celui des militantes politiques, des défenseuses des droits de l'homme ou des environnementalistes qui se sont engagées au péril de leur liberté – par exemple de la prix Nobel de la paix Nargues Mohammadi, des Moudjahidines du peuple ou des écologistes. Il ne s'agit pas non plus de mettre sur le même plan mon combat pour la liberté scientifique, qui m'a en quelque sorte été imposé par les autorités iraniennes, et les causes qu'incarnent ces femmes prêtes à consentir de grands sacrifices personnels et familiaux pour contribuer à un avenir meilleur. Mes récits de prison ont donc leur singularité, et leurs limites.

Evin a sans doute beaucoup changé et n'a plus grand-chose à voir avec ce qu'elle fut, à ceci près qu'une cage, même dorée, reste une cage. Je suis une anthropologue pour qui importe l'observation des faits, des pratiques, des transformations, que celles-ci soient heureuses ou malheureuses, publiques ou invisibles et cantonnées à l'isolement carcéral, parce qu'elles sont toujours des champs d'investissement, des fenêtres d'opportunité, des signes annonciateurs. Les ignorer, c'est ignorer la réalité.

En dehors même du réaménagement constant du cadre d'enfermement et de vie, l'institution s'est complexifiée. Les hommes qui y travaillaient pendant les années de la « Constellation de la mort », lorsque sévissaient au quotidien la torture et la menace de l'exécution, ne sont plus là. Ils ont reçu en échange de leurs services et sans doute de leur silence des avantages pour aller travailler ailleurs, à leur compte – j'en ai rencontré certains, nous avons respecté les impératifs du silence sans jamais le dire et pas pour les mêmes raisons, mais je n'ajouterai rien.

La lecture des témoignages des détenus de cette époque donne à voir une prison sans téléphone, sans réseaux sociaux, où les prisonniers étaient contraints à l'observance des pratiques religieuses et au repentir, où les repentis accédaient à des positions de pouvoir en s'insérant dans la nomenklatura pénitentiaire, où il fallait souvent dormir en alternance faute de place dans les cellules que la répression remplissait à outrance ou, pis encore, dans des dortoirs si exigus qu'on les qualifiait de « cercueils des vivants », où le fouet claquait sans répit, où la moindre convocation pouvait finir en fusillade que les autres détenus entendaient distinctement le lendemain soir, où l'on mariait de force les condamnées à mort pour qu'elles n'accèdent pas vierges à l'au-delà. Une prison où l'on n'était pas suffisamment nourri, ni soigné, ni lavé.

Aujourd'hui, Evin a renouvelé et rajeuni son encadrement – un processus qui semble permanent. On y rencontre des jeunes gens qui ont reçu des instructions fermes quant à la manière de traiter les détenues, qui sont bien habillés, dans l'air du temps, qui se maquillent, font des études, parlent des langues étrangères, y travaillent pour ainsi dire en famille et en couple, mère et fille, mari et femme, dans différents services, et qui parfois s'y font réembaucher après avoir tenté une autre expérience professionnelle ou faute de mieux, par habitude, on pourrait presque dire parce qu'il y a une « bonne ambiance ».

Il n'empêche qu'à bien y réfléchir, Evin reste le monde du silence. Silence imposé par les autorités sur les raisons réelles de l'incarcération, sur la teneur des dossiers, sur l'instruction « judiciaire », sur les échanges de prisonniers, voire sur les exécutions. Mais aussi silence des détenus qui essayent de protéger leur cause, leur honneur, celui de leur famille, leurs liens. Les deux silences, celui de l'oppresseur et celui de l'opprimé, se conjuguent pour faire d'Evin un haut lieu de cacophonie, inaudible, souvent à dessein.

On est tenue de garder le silence non pas seulement à cause de l'autoritarisme de l'institution carcérale ou par crainte, mais par respect de ses codétenues qui ont des raisons que la raison ignore.

Je n'ai pas voulu être mêlée à ces histoires de la prison, qui sont à la fois celles de l'oppresseur et celles de l'opprimé. Cela s'est fait malgré moi, et désormais je ne sais comment m'en détacher.

C'est malgré moi que j'ai fait la connaissance de jeunes femmes qui ne connaissaient rien à la politique mais qui fréquentaient le monde des politiques, et dont l'emprisonnement permettait à telle faction d'en défier une autre.

C'est également malgré moi que j'ai appris qu'on ne va pas en prison toutes pour les mêmes raisons, que certaines y fomentent des projets d'émigration qui ne sont pas forcément d'ordre politique, que d'autres s'y réfugient pour faire des études loin des contraintes familiales ou pour se constituer un capital politique ou symbolique.

C'est malgré moi que j'ai appris que la République islamique se constitue un stock de prisonniers et de prisonnières, éventuellement étrangers, pour négocier ses avoirs financiers, ses biens et ses relations diplomatiques.

C'est malgré moi que j'ai appris que certains groupes d'opposition, ayant pignon sur rue, entretiennent avec ses services de sécurité des rapports suffisamment cordiaux pour avoir eu accès à mon album de famille, confisqué avec mon ordinateur lors de mon arrestation, et de le publier sur *Amad News* dont le fondateur a été capturé en Irak en 2019 et pendu en Iran en décembre 2020.

C'est toujours malgré moi que j'ai appris que le monde des prisonniers politiques n'était pas composé uniquement d'opposants à la République islamique, mais aussi de certains de ses serviteurs et partisans, ou de membres de ses familles de martyrs, ou de commandants des gardiens de la révolution, ou de députés et de ministres – comme au début de la révolution, les liens entre les prisonniers et le régime politique sont souvent étroits.

C'est malgré moi que j'ai appris que toute prisonnière pouvait avoir une utilité, par exemple comme formatrice non rémunérée et involontaire des jeunes recrues du ministère du Renseignement ou des gardiens de la révolution, en étant en quelque sorte ramenée au statut de ces épaves de drones ou de ces gilets pare-balles ayant subi le feu, qu'ils récupéraient en Afghanistan à la faveur des combats entre les Américains et les talibans.

Enfin, c'est malgré moi que j'ai appris que les interrogateurs, faute de trouver des preuves politiques à votre encontre, s'emparent de votre vie privée, de vos liens affectifs et sexuels, en farfouillant dans votre ordinateur et dans votre correspondance numérique sur votre téléphone portable, et disposent ainsi d'une arme redoutable au détriment de leurs prisonnières qui n'ont ni le même âge que moi ni la même autonomie et vivent dans l'angoisse mortelle que leur vie personnelle soit étalée sur la place publique.

La guerre civile iranienne – car il s'agit bien de cela – a largement eu lieu dans les prisons. Les conflits factionnels également. Je n'ai pas cherché à en connaître les dessous, car cela serait briser le silence – ce à quoi ne m'autorisent ni les autorités de la République islamique ni son opposition qui déjà a commencé à me reprocher mes écrits, comme jadis. Autrement dit, le silence est inhérent au monde carcéral et il a une fonction structurante. Je vais donc moi aussi garder le silence et rester dans ma solitude de chercheur, à regarder, à analyser, à respecter, sans pouvoir tout écrire, car à l'impossible nul n'est tenu. Toutefois j'écrirai toujours à qui (et pour qui) de droit.

Le pire, dans le silence, c'est que l'on peut savoir pourquoi on le brise, mais pas toujours pourquoi on le garde. Je ne saurai jamais pourquoi j'ai été arrêtée, pourquoi mon ami et collègue Roland Marchal a dû subir ce sort, pourquoi mes proches qui aiment l'Iran et pour certains d'entre eux travaillaient à mieux le comprendre et le faire connaître ne pourront sans doute plus jamais y retourner. Je ne saurai jamais si les personnes qui étaient en relation avec moi ont été ou seront inquiétées. J'aurais voulu mentionner celles et ceux qui m'ont soutenue sans relâche durent ces quatre années et demie, mais ne puis le faire de crainte de les compromettre, et je me résous donc là aussi au silence, faute de pouvoir être exhaustive. Mais je leur, je vous dédie mon livre, à vous toutes et tous qui êtes restés à mes côtés pour défendre la liberté scientifique, la seule qui nous permette de briser le silence, de nous extirper de notre solitude, de sortir de notre Minorité dans l'esprit des Lumières qui jamais n'a été si nécessaire : « Et par le pouvoir d'un mot / Je recommence ma vie / Je suis né pour te connaître / Pour te nommer / Liberté[1]. »

1. « Liberté », Paul Éluard, *Poésie et Vérité*, Gallimard, Paris, 1968.

Postface

Béatrice Hibou[1]

« L'insoutenable légèreté de l'être » aurait pu être le titre de ces récits de prison, ou un exergue, à l'instar de ceux par lesquels Fariba Adelkhah introduit ses textes et qui sont tous tirés de la littérature, et particulièrement de la poésie. Au sortir de leur lecture, on ne peut qu'être frappé par la profondeur de ce qui est dit, les pesanteurs sociales décrites, parfois le pathétique des situations malgré l'apparente futilité des moments évoqués mais surtout malgré la légèreté du ton de la narration. Kundera est l'un des auteurs fétiches de Fariba Adelkhah et inspire, consciemment ou non, je ne sais, tous ces haïkus.

Ces derniers ne retracent pas son expérience personnelle de l'enfermement. Ils poursuivent le travail de recherche qu'elle mène depuis plus de trente ans, un travail qui donne à voir la vie quotidienne et les transformations de la société iranienne et qui permet

1. Béatrice Hibou est directrice de recherche au CNRS (CERI-Sciences Po) et a été responsable du comité de soutien pour la libération de Fariba Adelkhah.

de comprendre l'exercice autoritaire du pouvoir. Evin apparaît comme un terrain presque comme un autre. Un terrain qu'elle n'a certes pas choisi, mais qu'elle fait sien de la même manière.

Fariba Adelkhah est d'abord et avant tout une anthropologue du quotidien. À Evin comme sur ses précédents terrains, elle n'est ni extérieure ni touriste, elle n'en développe pas un regard exotique ou nostalgique, mais l'appréhende dans sa banalité en s'y intégrant elle-même. Ainsi, son emprisonnement se transforme en un terrain à part entière en ce sens qu'il est un autre moment d'une démarche centrée sur la compréhension de la vie quotidienne. On retrouve la démarche caractéristique du travail de Fariba Adelkhah : mettre systématiquement en lumière les acteurs – et leurs pratiques – qui ne sont habituellement pas vus comme faisant partie du « monde politique », mettre l'accent sur des lieux, des institutions, des encadrements (l'épicerie, l'infirmerie, le dortoir…), des situations (le mariage de l'une, la coquetterie de l'autre, sa propre constipation) qui ne sont pas considérées comme relevant du politique, ni même de choses importantes. Et opérer au niveau « micro » en tentant de cerner au plus près les compréhensions qu'ont les individus des moments ou situations contés. Dans ses travaux antérieurs, la famille était devenue le cercle légitime et protégé qui lui avait permis de mener des recherches dans une certaine « sécurité » (parce que la famille est une force, y compris face au politique), et de pénétrer les relations sociales (parce qu'elle n'est pas une entité suspendue, hors sol). À Evin, ce sont ses codétenues qui lui permettent de continuer à penser la société iranienne.

Fariba Adelkhah est aussi, et ce n'est pas contradictoire, une anthropologue du voyage. Il va de soi que le voyage, ici, n'est pas à comprendre au sens de déplacement physique. Ce « parcours immobile » (El Maleh) est un cheminement intellectuel au cours duquel apparaissent des figures et des questionnements qui accompagnent son raisonnement. C'est en suivant ses codétenues qu'elle réfléchit sur la vie en société, sur l'obéissance et la dépendance, sur la signification du silence ou sur les malentendus à l'origine des rapports de force au sein de cette petite société qu'est Evin. Ce voyage-cheminement, constitué de détours et de chemins buissonniers, moments où elle sort de son sujet pour mieux y revenir, est aussi l'expression de sa passion pour la recherche. Sans parler explicitement de son métier, ces pages en sont l'illustration.

Fariba Adelkhah, enfin, est une anthropologue de l'intime. S'ouvrir aux autres, s'engager pleinement, comprendre les différences. L'intime ici, ce ne sont évidemment pas les relations affectives, familiales ou amicales. C'est le souci de l'autre, sans que cela empêche, évidemment, le désaccord ou le conflit, comme le laissent voir tous les récits rassemblés. Tout échange et toute relation produisent de l'intime dès lors qu'ils suscitent des interactions inattendues, non normées, reposent sur l'écoute et le respect, et se déroulent sur une certaine durée. Fariba Adelkhah excelle dans cette façon de faire.

Elle sait écouter, elle sait voir et faire voir l'insolite et le curieux dans la banalité quotidienne, elle sait mettre en relief ces « petits riens » si courants qu'ils finissent par ne plus être vus alors même qu'ils donnent sens, qu'ils révèlent des actions ou des phénomènes dans toutes leurs significations sociales et politiques. Dans cette perspective, les échecs aussi peuvent relever de l'intime, dans la mesure où le refus d'interaction, les tensions et les conflits (entre détenues ou entre les détenues et l'administration pénitentiaire) amènent nécessairement à transformer le regard et à tenter de comprendre autrement ce qu'il se passe.

Cette démarche, et la compréhension du terrain comme expression de l'intimité, expliquent également que Fariba Adelkhah l'aborde toujours avec empathie. Ces récits montrent un grand respect pour ses codétenues, y compris celles avec lesquelles elle s'est bagarrée, mais aussi pour les gardiennes et même pour ses interrogateurs : c'est le respect pour la différence, qui constitue le principe sous-jacent à toutes ses recherches, et la conviction qu'en comprenant l'autre on se retrouve. La différence est avant tout produite par les situations, et tout être, aussi « autre » soit-il en apparence, est banal, voire proche, parce que l'identification (royaliste, moudjahidine, gardienne, interrogateur…) cache en réalité différents niveaux ou mondes sociaux qui se superposent en chaque individu et qui ne font pas son humanité ou son inhumanité. C'est pourquoi Fariba

Adelkhah arrive à parler avec empathie de ces personnages, et parfois même avec tendresse. Et toujours avec ironie. Car le terrain – Evin comme les autres – est aussi le lieu de la subversion. Ces récits fourmillent de petits pieds de nez et d'histoires drôles et impitoyables, qui laissent voir l'humanité des gens, la complexité des situations toujours pleines de paradoxes, de contradictions, d'irrationalité et qui dédramatisent des conditions souvent difficiles, voire douloureuses. Elle-même est d'ailleurs la cible de cette ironie. Mais cette ironie est joyeuse, et elle l'est d'autant plus que l'objet est triste ou grave.

Cette anthropologie du quotidien couplée à cette attention à la différence n'a pas toujours été bien comprise en dépit de sa posture ironique et joyeuse, de cette « légèreté de l'être »... ou peut-être en partie à cause d'elle. Nombre de ses travaux ont été systématiquement critiqués aussi bien par les autorités iraniennes (qui voyaient ses recherches avec suspicion, comme l'ont illustré pendant longtemps les pratiques d'intimidation, et comme l'a mis en lumière de façon dramatique son arrestation) que par les opposants à la République islamique (qui interprètent ses recherches comme une défense du régime, ou à tout le moins comme une indulgence coupable pour assurer sa propre tranquillité ou se garantir l'accès à ce terrain si central dans ses recherches). Ces récits de prison risquent de faire l'objet des mêmes incompréhensions car Fariba Adelkhah se refuse toujours à être dans une posture de dénonciation. Certes, le régime est autoritaire, il enferme et prive de liberté des personnes qui ne font que leur métier, il exerce une violence indéniable… « Et alors ? » semble nous dire Fariba Adelkhah, en quoi est-ce étonnant et surtout qu'est-ce que ce constat mille fois répété apporterait de plus ? Plutôt que de dénoncer, il faut comprendre. Et ce qu'il faut essayer de comprendre, c'est précisément ce que la prison nous révèle de l'exercice de la domination : ses modalités concrètes, ses cheminements paradoxaux. Et pour ce faire, à Evin comme ailleurs, Fariba Adelkhah concentre son attention non sur le régime ou sur la classe politique, mais sur les faits de pouvoir les plus banals en restituant la complexité de la société, car c'est cette dernière qui l'intéresse avant tout.

Ces récits suggèrent en effet que les faits de pouvoir sont autrement plus complexes que l'imposition d'un ordre connu et implacable par des dominants sur les dominés. Evin est à l'image de la société, avec ses moments de partage et d'amitié mais tout aussi bien ses luttes, ses conflits, ses compétitions et concurrences, ses mesquineries qui sont autant de points d'ancrage de l'exercice du pouvoir ; avec la centralité de la famille aussi qui est autant un poids qu'un réconfort, un rouage du devoir de conformité qu'une condition de son dépassement. Les accommodements, les petits actes de rébellion au quotidien décrits avec humour et indulgence, « l'anarchie bureaucratique » (pour citer les historiens de l'URSS Blum et Mespoulet) de la répression… suggèrent l'ambivalence de la domination qui permet de supporter la situation, tout en la confortant. L'intériorisation des codes de la prison, l'autocensure, l'acceptation de catégories ou de représentations, le besoin naturel de sécurité et de prévisibilité sont autant de comportements qui suggèrent que la domination s'exerce aussi par ceux-là mêmes qui la subissent. « Le tyran asservit les sujets les uns par le moyen des autres », disait La Boétie : les gardiennes comme les représentantes des détenues, les « hirondelles » comme les plus anciennes incarcérées à Evin, toutes sont des intermédiaires malgré elles et à leur insu de cet ordre, du fait des rapports de force et des jeux de pouvoir auxquels elles participent et que l'administration pénitentiaire, mais aussi les pouvoirs politiques, peuvent investir. Toutes finissent par participer à des rapports de pouvoir qui façonnent la domination : Fariba Adelkhah nous le suggère, par exemple, en nous montrant comment le règlement intérieur de la prison est aussi bien dans les mains des gardiennes et responsables pénitentiaires que dans celles des détenues. Mais il en va de même hors de prison, les récits du Club House ou de l'assignation à résidence laissent transparaître un partage de visions et de croyances au sein de la société, au-delà des cercles de pouvoir, qui participent à un ordre politique et social : l'autonomie de pensée est suspecte ; il n'y a pas de place pour la nuance, encore moins pour la distanciation et la compréhension, on ne peut être que « pour » ou « contre ». Dans ces conditions, le silence sur lequel Fariba entame ses récits et les clôt apparaît au fondement du pouvoir, à Evin comme dans la société : il est violence tout autant que protection, il structure la domination tout autant qu'il permet de la contourner, il est acceptation autant que distanciation, il contraint tout autant qu'il permet la cohabitation de personnes aux positions, visions et intérêts divergents. C'est cette ambivalence fondamentale que nous livrent les récits de prison.

Aussi paradoxal que cela puisse paraître, *Prisonnière à Téhéran* est le récit d'une liberté. Une liberté d'esprit évidemment, car la prison a enlevé incontestablement à Fariba Adelkhah sa liberté d'aller et venir entre la France et l'Iran, elle l'a meurtrie dans ses relations amicales et affectives, mais elle ne lui a enlevé ni un terrain, on l'a vu, ni sa capacité de distanciation, de dénaturalisation et de déplacement des limites de l'entendement. Une liberté de ton et une liberté méthodologique aussi qui s'apparentent à celle des poètes qu'elle aime tant : la liberté de s'écarter des règles habituelles, des normes de la discipline, des coutumes professionnelles pour mieux nous faire comprendre les ambivalences de la domination dans une société contrainte. Les poèmes, les récits tout en finesse et sous-entendus, les non-dits et les silences nous éclairent davantage qu'une analyse qui suivrait strictement les canons reconnus de la sociologie ou de l'anthropologie politiques.

Annexes

Les groupes de détenues du *band-e zanan* de la prison d'Evin

Les *activistes étudiantes* se mobilisent pour défendre les droits des étudiants. Elles risquent de se voir interdire la poursuite de leurs études au niveau doctoral.

Les *activistes de la société civile* prennent en charge des causes sociales et culturelles telles que la protection des enfants des rues ou immigrés (principalement afghans), la liberté de mise vestimentaire, les droits des femmes.

Les *bahaïs* ou *babi* proviennent d'une sorte de schisme au sein du chiisme, à la suite d'une grande révolte millénariste au milieu du XIXe siècle. Certains de leurs intellectuels ont joué un grand rôle dans la révolution constitutionnelle de 1906-1909. Les *bahaïs* ne se réclament plus de l'islam et sont donc considérés comme des apostats par les clercs, voire les croyants musulmans. Ils sont au nombre de sept millions de par le monde, dont trois cent mille environ en Iran. Ils y sont persécutés pour des raisons religieuses, mais aussi politiques en raison de la cooptation de certaines de leurs élites par le régime du Shah et de leur sympathie supposée pour Israël (le courant apolitique du babisme avait choisi

Haïfa comme siège, à l'époque de l'Empire ottoman, bien avant la création de la Palestine mandataire et de l'État d'Israël) et pour la Grande-Bretagne. Il leur est également reproché de nombreuses affaires de détournement de fonds.

Le *Cercle de l'imam Ali* est une société de bienfaisance, portée par des bénévoles, qui se consacre aux droits des enfants sans protection et à leur éducation.

Les *derviches* ou *les adeptes de Nour-Ali Tabandeh*, qui suivent les pratiques et les devoirs religieux de l'islam, ne reconnaissent néanmoins que l'autorité de leur *Qotb* et se réclament de l'amour, de la tolérance et de la paix plutôt que du droit religieux (*fiqh*). Ils ne se soumettent pas au gouvernement du jurisconsulte (*velayat-e faqih*). La répression à leur encontre s'est intensifiée ces dernières années et plusieurs de leurs lieux de réunion ont été détruits, notamment à Qom, Téhéran et Karaj.

Les *converties au christianisme* (*nokishe*) sont les moins accessibles de toutes les détenues et ne partagent pas leurs convictions (même si j'ai pu assister à une fête que deux d'entre elles avaient organisée pendant mon séjour à Evin, pendant laquelle nous nous sommes beaucoup amusées à voir un rituel dirigé par deux femmes chantantes, dansantes et endimanchées).

Les *environnementalistes*, connues sous le nom de l'ONG de l'environnement, subissent le sort peut-être le plus dramatique et incarnent l'un des dossiers judiciaires les plus controversés de la République islamique bien que nul ne s'en préoccupe beaucoup, ni en Iran ni à l'étranger. Le fondateur du groupe, Kavous Seyed Emami, est un Irano-Canadien, enseignant dans l'une des universités les plus prestigieuses du pays, Imam Sadeq, qui est un peu l'équivalent de l'ENA en France. L'emprisonnement des environnementalistes illustre les divisions au sein du régime : les gardiens de la révolution sont parvenus à les maintenir en prison pendant plus de six ans alors que le ministère du Renseignement mettait en doute l'accusation d'espionnage qui les frappait. Niloufar Bayani a écrit une longue lettre contestant les modes d'interrogatoire auxquels ont été soumis les membres de l'ONG. Deux des Trois Bouquets, qui ont été mes anges gardiens lors de mon emprisonnement dans le 2Alef, étaient membres de l'ONG.

Les *prisonnières de gauche*, dont le spectre très large comprend des journalistes, des intellectuelles, des étudiantes, des syndicalistes, et porte deux revues, *Esyan* et *Gam*. Les partis marxistes-léninistes d'avant la révolution n'ont plus guère d'audience, mais on croise des militantes qui continuent de se revendiquer, comme dans le bon vieux temps, mais sans le dire haut ni fort, du courant maoïste, de Paykar (une scission des Moudjahidines du peuple), des Fedayines du peuple et du Toudeh (le parti communiste). Les divisions et rivalités au sein de cette mouvance étaient si grandes qu'il était difficile de s'entretenir avec ses membres sans soulever des inquiétudes, des soupçons, des conflits entre les détenues.

Les *ouvrières* de l'exploitation agro-industrielle de canne à sucre de Haft Tapeh, à une dizaine de kilomètres du site archéologique de Tchogha Zanbil, au Khouzistan, qui s'est illustrée par une grève de trois semaines, en 2018, pour protester contre sa privatisation – mouvement social d'autant plus durement réprimé qu'il a été rejoint par les ouvriers de la sidérurgie de la région. Sepideh Gholian et Asal Mohammadi ont été arrêtées dans ce contexte.

Les *Moudjahidines du peuple* qui appartenaient au courant islamique du mouvement révolutionnaire mais qui ont vite été ostracisés par les khomeynistes avant d'être impitoyablement réprimés et de recourir à la lutte armée contre la République islamique. Historiquement, ils ont joué un rôle décisif dans la modernisation politique des couches religieuses et traditionalistes de la société iranienne – notamment des femmes –, même si ce fut le clergé qui eut un rôle pionnier dans la contestation de l'absolutisme et la préparation de la révolution constitutionnelle de 1906, puis de la révolution de 1979.

Les *activistes du Mouvement des Quatorze*, né en 2019 à l'initiative de quatorze intellectuels, bientôt suivis de quatorze femmes de la diaspora, puis de quatorze femmes de la société civile iranienne, activistes de la défense des droits civils féminins et venues de divers horizons professionnels ou religieux. Zahra Jamali, Nargues Mansouri, Guiti Pourfazel appartiennent à cette sensibilité.

Les *royalistes* forment sans conteste la catégorie la plus récente des prisonnières politiques en Iran, qui est sans doute aussi l'une des plus divisées. Les unes se réclament de l'héritier de la dynastie déchue des Pahlavi, les autres du principe monarchique, indépendamment de toute obédience dynastique, au motif assez simpliste que les pays européens les plus stables, les plus prospères et les plus cérémoniels sont des monarchies – à preuve les royaumes d'Europe du Nord, la Grande-Bretagne, l'Espagne. Les relations entre les détenues royalistes du *band-e zanan* étaient particulièrement conflictuelles et venimeuses, au quotidien.

Chronologie

5 juin 2019 : Arrestation dans un café de l'aéroport de Téhéran, alors que j'attends Roland Marchal et que son avion a du retard. Quatre personnes bien mises, dont une femme, m'interpellent poliment : « Docteur Adelkhah ! » et m'encerclent. Elles veulent me parler et m'entraînent à l'entrée de l'aérogare. L'une d'entre elles me tend une page A4 dactylographiée. Je n'en retiens que la mention « Espionne ».

– Vous vous êtes trompés ! leur dis-je.

– On va vous expliquer tout de suite !

– Non, pas avant de voir mon ami !

– Il aura du retard, nous n'en aurons que pour une minute. Venez, on vous explique tout dans la voiture !

Ladite voiture se met en route, je ne suis plus en possession de mon sac, ni de mon téléphone portable, ni de mon ordinateur. Je suis interrogée dans un bureau, dans l'enceinte de l'aéroport. Je dormirai dans une maison que je ne saurai jamais localiser.

6 juin : Je comparais devant le tribunal Shahid Moghaddasi, au sein de la prison d'Evin. Je signe sans vouloir ni pouvoir comprendre des feuilles et suis transférée dans le *band* 2Alef, celui des gardiens de la révolution.

9 juin : Je dois accompagner mes interrogateurs pour une perquisition de mon domicile où sont confisqués nombre d'effets personnels, dont mes carnets d'adresses et de terrain et ma documentation.

15 juin : J'entraperçois Roland, dont j'ignorais le sort, en train d'être conduit aux bureaux des interrogatoires.

24 décembre : J'entame une grève de la faim avec l'universitaire Kylie Moore-Gilbert pour défendre la liberté scientifique.

5 janvier 2020 (d'après mes souvenirs) : Je suis transférée au quartier des femmes (*band-e zanan*) de la prison d'Evin.

8 janvier : J'apprends, par un article publié dans le journal *Sharq* le même jour, que le chef d'accusation d'espionnage est abandonné (il était passible de la peine de mort). Ne subsistent que les accusations de collusion avec l'étranger et d'atteinte à la sécurité nationale, de propagande contre le régime et de perturbation de l'opinion publique.

11 février : J'interromps ma grève de la faim.

20 mars : La libération de Roland m'est annoncée au téléphone par l'administrateur de la prison d'Evin en personne. Il s'étonne que je n'en sois pas plus contente que cela. Je voulais le voir avant son départ, et c'était la raison pour laquelle j'avais fait mon sit-in pendant deux mois dans le bureau des gardiennes du *band-e zanan.*

16 mai : Je suis condamnée à cinq ans de prison.

3 octobre : Libération conditionnelle, sous contrôle judiciaire, assignation à résidence à mon domicile, et port d'un bracelet électronique. Commence ce qui s'avérera être la période la plus difficile de ma privation de liberté.

12 janvier 2022 : Retour au quartier des femmes de la prison d'Evin.

10 février 2023 : Je bénéficie d'une mesure de grâce du Guide de la révolution, alors que je voulais un acquittement en bonne et due forme. Je rentre chez moi, voyage dans l'ensemble du pays, obtiens de nouveaux papiers et notamment un passeport.

17 octobre : Départ en avion pour Istanbul.

18 octobre : Arrivée à Paris.

20 octobre : Cérémonie de retour dans l'amphithéâtre Émile-Boutmy de Sciences Po. Le directeur, Mathias Vicherat, me remet ma carte professionnelle que j'estime être mon plus beau cadeau au moment où je réintègre mon centre de recherche.

Table

RÉALISATION : NORD COMPO À VILLENEUVE-D'ASCQ
IMPRESSION : NORMANDIE ROTO IMPRESSION S.A.S À LONRAI
DEPÔT LÉGAL : NOVEMBRE 2024. N° 157391 (2404356)
IMPRIMÉ EN FRANCE